O Mundo Imperfeito

Editora Appris Ltda.
1.ª Edição - Copyright© 2025 do autor
Direitos de Edição Reservados à Editora Appris Ltda.

Nenhuma parte desta obra poderá ser utilizada indevidamente, sem estar de acordo com a Lei nº 9.610/98. Se incorreções forem encontradas, serão de exclusiva responsabilidade de seus organizadores. Foi realizado o Depósito Legal na Fundação Biblioteca Nacional, de acordo com as Leis nºs 10.994, de 14/12/2004, e 12.192, de 14/01/2010.

Catalogação na Fonte
Elaborado por: Dayanne Leal Souza
Bibliotecária CRB 9/2162

R114m
2025
	Rabelo, Hideo
	   O mundo imperfeito / Hideo Rabelo. – 1. ed. – Curitiba: Appris, 2025.
	   155 p. ; 21 cm.
	
	   Inclui referências.
	   ISBN 978-65-250-7596-9
	
	   1. Romance. 2. Ensaio. 3. Atualidades. I. Rabelo, Hideo. II. Título.
	
	                                                                                                                      CDD – B869.93

Appris editorial

Editora e Livraria Appris Ltda.
Av. Manoel Ribas, 2265 – Mercês
Curitiba/PR – CEP: 80810-002
Tel. (41) 3156 - 4731
www.editoraappris.com.br

Printed in Brazil
Impresso no Brasil

Hideo Rabelo

O Mundo Imperfeito

Curitiba, PR
2025

FICHA TÉCNICA

EDITORIAL	Augusto V. de A. Coelho
	Sara C. de Andrade Coelho
COMITÊ EDITORIAL	Ana El Achkar (Universo/RJ)
	Andréa Barbosa Gouveia (UFPR)
	Jacques de Lima Ferreira (UNOESC)
	Marília Andrade Torales Campos (UFPR)
	Patrícia L. Torres (PUCPR)
	Roberta Ecleide Kelly (NEPE)
	Toni Reis (UP)
CONSULTORES	Luiz Carlos Oliveira
	Maria Tereza R. Pahl
	Marli C. de Andrade
SUPERVISORA EDITORIAL	Renata C. Lopes
PRODUÇÃO EDITORIAL	Maria Eduarda Pereira Paiz
REVISÃO	Camila Dias Manoel
DIAGRAMAÇÃO	Amélia Lopes
CAPA	Carlos Pereira
REVISÃO DE PROVA	William Rodrigues

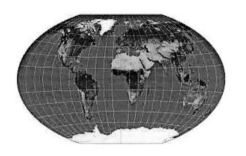

*Qualquer cidade comum representa, na verdade,
duas cidades, uma dos pobres, outra dos ricos,
e em cada uma delas estão incluídas muitas outras.*

(Platão, A república)

Para Ednilce, amiga, companheira e virtuosa.

SUMÁRIO

1
NO PRINCÍPIO..14

2
O MUNDO...26

3
A JANELA..40

4
O DESVIO..49

5
OS EFEITOS..77

6
O ACASO...99

7
EQUILÍBRIO...115

8
A FORÇA...123

9
O MOMENTO...131

10 RESULTADOS 136

GLOSSARIO 147

REFERENCIAS 152

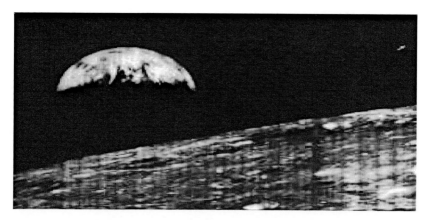

Figura 1 – Imagem da Terra vista da Lua, 23 de agosto de 1963[1]

---

[1] Todas as figuras do livro estão disponíveis no Google Imagens.

1

NO PRINCÍPIO

A ideia era iniciar estes textos apresentando um discurso sobre escolhas, destino, acaso, determinismo social e biológico. Mas observei a importância de destacar algumas explicações a respeito do título *O mundo imperfeito* ou sobre os possíveis títulos *A causa de todas as misérias humanas*, *O novo mundo imperfeito*, *A paródia da história universal* ou *O mundo imperfeito em expansão*.

O mundo é o palco da existência da espécie humana, bem como cenário de atuação de milhões de outras espécies de organismos vivos, mas apenas o homem é capaz de classificá-lo como perfeito ou imperfeito. E essa classificação se dá de acordo com a percepção individual, depende das nossas experiências e dos eventos que ocorrem na vida de cada ser humano.

O permanente mito do Paraíso descrito na Sagrada Escritura relata que o Autor da Existência criou o mundo perfeito e colocou o homem que modelara no Paraíso para viver em paz, harmonia, amizade e liberdade. Mas o ser humano, com sua inclinação ao pecado, desfez o plano da criação e trouxe o sofrimento ao mundo.

Para os sofistas, antigos pensadores gregos, a natureza é boa e a civilização é má, considerando que bom representa a paz, equilíbrio e harmonia, podemos traduzir que o mundo é perfeito e a civilização, a espécie humana que nele vive e se organiza, não.

Jean Jacques-Rousseau (1712-1778) estabelece que "o homem nasce bom, mas a sociedade o corrompe". Podemos substituir o termo *sociedade* por *mundo* para fins de contextualização. Ou seja,

Rousseau está apresentando a ideia de que a luta para sobreviver em sociedade remove a sua natureza. Nesse caso, o homem é influenciado pelo mundo e tem sua pureza corrompida pelo ambiente onde vive.

Dessa forma, vemos que ao longo dos tempos a humanidade desenvolve um conceito sobre o mundo onde vivemos. Assim, podemos considerar que para alguns o mundo é imperfeito devido às ações do homem, e para outros a luta pela sobrevivência do ser humano nesse mundo o faz realizar práticas que revelam suas próprias imperfeições.

Buscamos dar significado ao mundo, entretanto as nossas ações têm influência no ambiente em que vivemos. Um jovem com menos de 20 anos descobre a existência de novos planetas fora do sistema solar, surpreendendo a comunidade científica composta por físicos e astrofísicos com anos dedicados à pesquisa, e esses especialistas precisarão reexaminar os seus conceitos. O mundo não gira em torno de você, mas você pode fazer o mundo girar. Nosso planeta já existe há milhões de anos, bem antes de nossas gerações, porém suas práticas e ações do nosso dia a dia podem transformar nosso mundo.

Na busca para entender o mundo onde habita, o homem descobre mais sobre si mesmo e sobre sua natureza. A compreensão profunda do mundo em que vivemos, abre um caminho para uma vida solitária. O homem é um ser natural que busca antes de tudo a sobrevivência; adquiridos os recursos para sobreviver, passa a lutar pelo controle e pelo domínio desses recursos, e é nesse momento que nascem conflitos e beligerância, é quando os princípios de moralidade, como *bondade*, *verdade* e *justiça*, perdem a importância. Todo indivíduo de qualquer espécie tem como função básica a luta pela subsistência. Para a espécie humana, essa luta exige um esforço maior. Entender a essência da natureza humana cria uma tendência para o isolamento.

Vivemos em um planeta superpovoado, onde existe uma grande quantidade de indivíduos em busca de recursos para manter-se vivo por meios distintos, e nesse cenário a confusão e a hostilidade emergem naturalmente. Existem bilhões de pessoas dividindo o mesmo espaço, de aproximadamente 510 milhões de quilômetros quadrados, pois nem todos os lugares do planeta são habitáveis. Um grande contingente populacional em constante crescimento num espaço geográfico limitado.

As áreas para adquirir recursos de sobrevivência são aglomerados populacionais superpovoados, que chamamos de cidade. Os recursos hídricos, energéticos e alimentícios são limitados, escassos e finitos.

Somos aproximadamente 8 bilhões de pessoas vivendo em um espaço físico restrito. Pessoas com inúmeras ocupações, como: médicos, professores, advogados, políticos, engenheiros, escritores, estudantes, mecânicos, filósofos, profissionais autônomos, trabalhadores informais dividindo espaço com ladrões, estelionatários, traficantes, estupradores, homens sem valores morais, bandidos de toda sorte e, quando os interesses desses indivíduos se encontram, o resultado é hostilidade e beligerância.

O desafio é direcionar tantas personalidades e interesses diferentes em torno de um objetivo em comum. As dificuldades e os desafios ajudam o desenvolvimento e promovem a evolução do ser humano. A recompensa é maior para aquilo que é difícil.

Em qualquer lugar do mundo, dois grupos de homens e mulheres ocupam o mesmo espaço geográfico para adquirir recursos essenciais para sobrevivência. De acordo com *A república de Platão*, aqueles que não têm recursos financeiros (pobres) e aqueles que possuem poder econômico (ricos) dividem a mesma região (cidade) para sobreviver. Eventualmente, seus objetivos estarão em lados opostos, e o clima de desconfiança e hostilidade é inevitável.

Como combater quem tem maior potencial econômico e financeiro? Quem tem poucos recursos está refém daqueles que possuem mais; não se trata de uma luta de classes. Essa luta é um conceito equivocado, precisa de análise mais profunda. O que vemos é uma relação de interdependência entre esses dois grupos, e, em toda relação entre dois corpos, existe atrito. O autor que desenvolveu o conceito de luta de classes dependia de um empresário industrial, um burguês, para custear suas despesas.

É preciso reconhecer que, naturalmente, vivemos em grupos com uma relação de interdependência que possibilita a existência um do outro, em estado de *dependência mútua dos homens*, conforme Rousseau. Essa relação muitas vezes é conflituosa, outras não. Na maioria das ocasiões, o interesse de quem possui poder econômico prevalece, para não dizer sempre. Invariavelmente, quem tem menos recursos se manifesta contra esse domínio e controle.

Para manter a harmonia dessa relação e demonstrar benevolência, a classe dominante oferece algumas concessões, mas a contrapartida por essas concessões será alta. O equilíbrio dessa relação é estabelecido por quem tem poder econômico por meio das leis, e é possível concluir a quem essas leis favorecem. O preço a ser pago por essa suposta generosidade terá um custo exponencialmente elevado e representa gerações inteiras de subserviência. Há décadas, houve a promessa de democratização do capital, entretanto o mercado financeiro democratizou o crédito bancário e os meios de aquisição dos bens de consumo, e hoje relatórios econômicos destacam o endividamento de milhares de famílias. Essa relação é ser ilustrada nos seguintes versos de um famoso grupo musical:

Regaram as flores do deserto

Regaram as flores com chuva de insetos.[2]

---

[2] POMBO, Calos *et al*. *O salto*. Rio de Janeiro: Warner Music, 2003. 1 CD (69 min).

Por diferenças superficiais, o homem transforma o mundo em um eterno palco de guerra e conflitos, pois ainda não desenvolveu a capacidade de renunciar os interesses particulares por um bem maior. Alguns são naturalmente competitivas e têm predisposição ao conflito para realizar seus objetivos, sejam estes justos ou não. Existem nações que possuem um histórico hábito de entrar em guerra a cada geração.

Nos intitulamos *Homo sapiens* e usamos nossa suposta sabedoria para sobreviver, para garantir a sobrevivência da nossa espécie. Sobreviver é o instinto básico de toda espécie viva. Para garantir nossa sobrevivência, resgatamos o instinto da época em que éramos coletores e caçadores. Nessa era, os princípios de moralidade não existiam. Realizávamos práticas predatórias. Hoje, somos predadores da nossa própria espécie, e para sobreviver ignoramos os princípios de moralidade. Acumulamos recursos, na figura do dinheiro, além do que precisamos para sobreviver. Somos indiferentes aos meios de adquirir recursos ou ao fato de que alguns têm em abundância, enquanto outros padecem com a escassez. Além disso, neste momento, com a garantia dos meios de sobrevivência, o importante passa a ser o domínio e o controle dos recursos adquiridos. Produzir e agregar continuamente recursos econômicos e não perder o que já foi conquistado. Desse modo, os governos surgiram para atender o grupo que acumula recursos econômicos, riquezas e poder, e os demais indivíduos ficam organizados para atender o interesse da classe dominante.

A luta pela sobrevivência é uma característica natural de todos os seres vivos. Todo indivíduo de qualquer espécie busca sobreviver em um ambiente de condições adversas. Caso sua sobrevivência seja ameaçada, haverá hostilidade e eventualmente conflito. As guerras e as batalhas mudam em cada época, mas a luta é a mesma, a luta pela sobrevivência. A sobrevivência não é a justificativa, porém é uma das causas dos inúmeros conflitos que eclodem mundo afora.

Para garantir a sobrevivência, o indivíduo da espécie humana se reúne em grupos sociais por meio da linguagem. A coletividade é importante para o indivíduo da mesma forma que o indivíduo é fundamental para o grupo. O agrupamento é formado por indivíduos com determinada afinidade. Essa afinidade acontece de acordo com a origem, os objetivos e interesses em comum. Somos classificados e selecionados de acordo com a classe social ou econômica, pelo local de origem, pela raça, pela cor da pele ou do cabelo. O termo *preconceito* é utilizado para denominar essa classificação, mas fundamentalmente somos todos iguais com diferenças superficiais, todo ser humano é constituído pela mesma estrutura biológica. Essa seleção e classificação acontece para organizar os indivíduos em grupos distintos. O grupo oferece segurança a seus membros.

O indivíduo inserido em um grupo tem mais chances de sobreviver. Nenhum grupo busca poder de forma gratuita ou pela ausência de valores morais. A luta pelo poder acontece para garantir os meios de sobrevivência e até mesmo para manter um estilo de vida confortável e hedonista. É nesses termos que a ausência de uma sólida formação moral tem forte influência. As divergências e os conflitos nascem quando a busca para manter um estilo de vida acontece sem importar-se com outros indivíduos ou grupos. Ninguém quer perder espaços e privilégios.

Apesar dos esforços diplomáticos para acabar com as guerras, a convivência em harmonia é um sonho a ser realizado, "o vosso desacordo não tem fim" (Virgílio, 2004).

Estaremos em um novo estágio evolucionário quando as contendas desaparecerem e quando os indivíduos se tornarem capazes de viver em perfeita concórdia. No instante em que a paz estiver presente e no momento em que os povos conviverem de forma pacífica, estaremos em um nível de inteligência mais avançado. Quando a humanidade conseguir controlar os seus instintos e quando o ser humano for capaz de gerenciar os seus impulsos, deixaremos de ser semisselvagens.

Alguns seres humanos julgam-se superiores aos outros. Acreditam ter mais direitos que os seus semelhantes, devido ao nível cultural e social de cada indivíduo, embora essencialmente todo indivíduo da espécie humana seja formado pela mesma estrutura orgânica. Enquanto alguns lutam para sobreviver, outros travam batalhas para manter seus privilégios. Muitos querem apenas suprir a mesa de sua família com alimento, outros não querem perder a oportunidade de comprar um carro novo. Alguns não conseguem deixar um estilo de vida luxuoso, a maioria procura apenas um teto para morar.

A moralidade perde a relevância, se a sobrevivência e a manutenção de um estilo de vida é questão de vida ou morte. Um comandante do exército descontente com o baixo salário dos oficiais pode planejar espalhar bombas nos quartéis e nas tubulações da adutora responsável pelo abastecimento de água da cidade, com o objetivo de demonstrar fragilidade do comando e da autoridade do ministro do exército — quando a busca do alimento de cada dia e a manutenção de um estilo de vida é questão de sobrevivência, o patriotismo perde espaço.

Com os esforços direcionados para adquirir recursos para sobreviver, a busca pelo conhecimento e desenvolvimento intelectual perde a importância. O indivíduo é condicionado a ter um pensamento superficial e limitado, estimulado a sentir satisfação em realizar desejos materialistas, imediatos, consumistas, artificiais e momentâneos. Assim, procura satisfazer-se com prazeres vazios e passageiros. Antes de se conquistar a liberdade econômica, é importante encontrar a liberdade intelectual.

Não é suficiente viver em uma região onde as riquezas naturais são abundantes, se não há uma distribuição justa dessa riqueza. Muitas vezes, para viver de forma digna e sem desconforto, é preciso trabalhar muito e em alguns casos não será o bastante. Nem todo mundo ocupará os melhores cargos no mercado de trabalho, nem todos ganharão na loteria e terão milhões depositados em sua conta bancária. Para fazer parte dessa minoria, é necessário muito trabalho, grande habilidade e boa sorte, conforme Maquiavel apresenta, pela fortuna (*fortuna*) ou por virtude (*virtu*).

Existem indivíduos que trabalham o mês inteiro, que enfrentam uma longa e intensa jornada de trabalho diariamente, e, ainda assim, não garantem recursos econômicos suficientes para liquidar suas obrigações. Esses indivíduos encontram apenas fadiga, cansaço e humor alterado em vez de recursos para pagar suas dívidas. Muitas pessoas trabalham a vida inteira e não conseguem acumular riquezas, com sorte obterão uma aposentadoria insuficiente para custear suas despesas. A fórmula da riqueza pode ser descrita em adicionar lucro ao investimento, rateando os custos no valor final do produto a ser comercializado ou do serviço ofertado. É importante desenvolver habilidades em negócio e conhecimento no mercado. Em qualquer investimento obtemos lucro, despesas e prejuízos. É possível reduzir os custos e potencializar o lucro, mas sempre existirão despesas e prejuízos. Esperar apenas lucro é acreditar em conto de fadas.

Quando precisamos trabalhar para garantir os meios de sobrevivência, nossos sonhos, planos e projetos perdem a prioridade e são arquivados. Precisamos de um esforço homérico para concretizá-los, cada etapa para sua realização representa um ato heroico. O tempo passa e você coleciona projetos inacabados e sonhos não realizados.

O trabalho garante, no máximo, a sobrevivência; quando não nascemos com os meios de produção, precisamos trabalhar para sobreviver. É de conhecimento popular que trabalho não produz riqueza. Caso essa ideia fosse verdadeira, o escravo seria mais rico que o seu senhor. O trabalho existe para sobrevivência daqueles que não possuem os meios de produção, sejam de capital ou equipamentos. Não é possível que todos tenham êxito em seus projetos. Enquanto uns são bem-sucedidos, outros sustentam o sucesso desses privilegiados.

Existem aqueles que defendem que a única opção para obter riquezas é a prática de atos ilegais, é importante pensar além desses limites. Para ser bem-sucedido, é necessário estar no lugar certo, no momento certo e entre as pessoas certas, além de desenvolver alta capacidade de aprendizagem e inteligência. Muitas vezes, o esforço laboral, trabalhar pesado não é suficiente. O importante é trabalhar certo, de forma correta. Estão sendo amplamente divulgados treinamentos para adquirir riquezas e ter sucesso. O sucesso é o resultado de muito labor somado ao amadurecimento pessoal. Apenas o trabalho não produz riqueza. O trabalho em si garante apenas meios para sobrevivência. O amadurecimento e o desenvolvimento pessoal é o que tornará possível ao indivíduo ir além da situação em que se encontra. O indivíduo pode ter todo conforto e privilégio que o mundo pode ofertar, contudo sempre haverá algo a produzir um desconforto. A vida não é fácil para ninguém. Quando nos importamos exageradamente com o que não temos, deixamos de contemplar e agradecer por aquilo que já possuímos. A ideia não é acumular riquezas, mas fazer da vida uma experiência extraordinária.

O mundo é definido por sentenças. Não há espaço para o discurso, a dúvida, o debate ou o diálogo. Se o indivíduo pensar por si mesmo e apresentar um pensamento autônomo com ideias próprias, será hostilizado. Se questionar uma ideia estabelecida, será ridicularizado. Caso não aceite o pensamento dominante e revele uma forma diferente de pensar, seu passado será revirado; e sua vida, devastada. Galileu Galilei sofreu retaliações por pensar diferentemente das ideias vigentes em sua época; defendia que a Terra e os planetas se moviam em torno do Sol, quando naquele momento se pensava que a Terra era o centro do Universo e o

Sol girava em torno dela. Acreditamos em verdades absolutas porque tememos a incerteza. Não há misericórdia e compaixão para quem vive abaixo do sol.

Ninguém quer perder tempo respondendo questionamentos; se existirem dúvidas, não haverá ação ou a ação não será realizada em tempo hábil. Não há tempo a perder. Por isso, é mais interessante rejeitar um questionamento e uma ideia nova que gastar energia e tempo respondendo a interrogações.

Pensar e ser racional é uma ofensa para quem está desprovido de razão. Obedecer sem pensar, fazer tudo sem questionar. Você deve seguir as regras do jogo; se não as seguir, será rejeitado. A arte de pensar é inconveniente, quando a ignorância beneficia quem controla os indivíduos.

Por outro lado, todo princípio bem fundamentado surge de um profundo questionamento e diálogos intensos. Todos os princípios que hoje sustentam a sociedade surgiram de uma profunda reflexão e debates acalorados. Ou você questiona um conceito, ou você o aceita. A verdade é transitória. Para Dalton o átomo era indivisível, Thomson descobriu que o átomo era constituído pelos prótons e pelos elétrons, Rutherford desenvolveu a ideia de que o átomo continha um núcleo com prótons e nêutrons e os elétrons orbitavam o núcleo. Hoje, entende-se que os prótons e os nêutrons são compostos de três quarks cada. Vemos uma demonstração clara de que uma verdade hoje se tornará obsoleta futuramente.

Em um estado permanente de luta pela sobrevivência, o ser humano é capaz de conquistas inspiradoras e realizações extraordinárias. O mundo lhe dá a oportunidade de lutar, ter uma família, amigos, ser pai ou mãe, lutar por algo ou por alguém.

Apesar de suas imperfeições, o nosso mundo é, ainda assim, inspirador. Todos os dias estamos diante de desafios que nos fazem crescer e evoluir. Somos estimulados a ir além de nossas capacidades.

O mundo pode não ser perfeito, porém é nele que nascemos, vivemos e morremos, e nesse intervalo de tempo é possível ter experiências extraordinárias.

Figura 2 – Foto da Terra vista da Lua, sonda sul-coreana

2

O MUNDO

Está cada vez mais difícil. Os canais de televisão dão cobertura a uma tentativa de fuga no Centro de Detenção para Menores Infratores onde estou instalado. Destruíram os alojamentos, queimaram colchões e na confusão todos os rascunhos que escrevi foram extraviados. Talvez para retaliar a minha decisão de não fazer parte do motim. Menos mal, poderia acontecer algo pior; devido a minha história, alguns internos me respeitam. Agora devo recomeçar a escrever do nada e procurar lembrar exatamente o que aconteceu para que um jovem com menos de 20 anos com um futuro promissor acabasse se envolvendo num acidente que causou a morte de outro jovem e por fim fosse internado num Centro de Detenção para Menores. Ao ler estes escritos, estarás conversando comigo, "não digo nada que não seja conhecido" (Virgílio, 2004, p. 33).

John Locke (1632-1704) defendia que o conhecimento vem da experiência. Especialmente quando somos jovens, a vida é como uma página em branco que podemos preencher com os acontecimentos que nos ocorrem. Às vezes planejamos esses acontecimentos e dá certo, outras vezes nada sai como planejamos, e algumas vezes dá tudo certo sem nenhum planejamento, o que chamam de acaso ou intervenção divina. É necessário o amadurecimento para aceitar que alguns planos darão certo, outros não. Naquele momento tudo estava planejado, estava com uma visão clara do que eu queria.

Aos 15 anos estava cursando o ensino secundário, hoje chamado ensino médio, procurava fazer um curso técnico profissionalizante e assim custear uma faculdade e ter uma vida sem desconforto. Eu acreditei quando disseram que a educação era a única forma de desenvolvimento social e econômico para quem nascia desprovido de recursos financeiros. Mas você descobre que a busca por conhecimento é uma faca de dois gumes, tem um preço. Eu preferia não saber das práticas do rei Leopoldo II da Bélgica durante a exploração de diamantes no Congo ou que as descobertas científicas estavam a serviço do mercado.

Quando você é jovem e nasce em uma família com poucos recursos econômicos, você descobre que precisa trabalhar cedo e estudar muito para sobreviver, para ajudar a sua família, para custear seus planos e conquistar o seu espaço na sociedade. Nas atuais sociedades civilizadas, o indivíduo não é obrigado a trabalhar de maneira forçada, mas, se não trabalhar voluntariamente, sofrerá privações decorrentes da falta de recursos econômicos. Não conheci meu pai, vivia com minha mãe e meus irmãos mais velhos, Sérgio e Alessandra. Por algum motivo, fui registrado no cartório com o nome de Augusto, minha mãe alega que foi em homenagem a um antigo professor, entretanto eu prefiro relacioná-lo ao imperador romano Otávio Augusto. Na escola, começaram a me chamar de Au, depois Al, considerei muito americanizado e árabe demais, contudo a alcunha pegou.

Trabalhava em um restaurante chamado Palacete atendendo clientes, servindo e lavando pratos para ajudar em casa e custear algumas despesas da escola. Durante o dia, o restaurante recebia o público em geral, pela noite funcionava como bar era visitado por trabalhadores do comércio e da indústria. Wanderley, o dono do Bar e Restaurante Palacete, vivia recordando a época em que o estabelecimento era frequentado por políticos, empresários e turistas europeus. Hoje, o Palacete recebe urbanoides apressados, viciados, prostitutas e demais indivíduos de classe desprivilegiada.

Nesse ambiente, procurava considerar que tudo seria parte de uma experiência que serviria de base para realização do meu projeto de vida. Pode parecer arrogância, mas procurava ser objetivo, não me envolver com determinadas práticas para não me contaminar.

Eu precisava conciliar a escola e as atividades do restaurante, estava sempre atrasado. Trabalhava até tarde da noite, acordava cedo para comprar os gêneros alimentícios para o Palacete, ia à escola e voltava ao restaurante. No dia seguinte, o ciclo tornava a repetir-se. A rotina consome o tempo que temos disponível.

Vivendo uma rotina intensa, repetitiva e cansativa, você cria a expectativa de que as coisas vão melhorar, infelizmente não melhoram. O que é possível mudar é a maneira como enfrentamos os desafios do cotidiano. É preciso ter consciência das dificuldades existentes no mundo, mas é importante também saber usufruir e desfrutar o que há de bom ao nosso redor. O período do dia que ficamos na escola parece uma válvula de escape. É aonde criamos laços de amizade, temos acesso aos livros. É onde o mundo começa a se desdobrar sobre você. Começa a observar que os grupos nascem de forma espontânea. E não há alternativa a não ser se integrar a algum deles.

É preciso estar vinculado a algum grupo, agremiação, organização ou empresa para sobreviver. Sua identidade depende do grupo ao qual pertence. Mesmo a forma como se expressa está relacionada ao grupo em que está inserido.

Naturalmente, você se relaciona com quem se identifica. Podemos nos enturmar, entretanto a desconfiança e a insegurança atuam como sinal de alerta. Criamos mecanismos de defesa, porém é difícil perceber quando alguém está com boas ou más intenções. Descobre que a única forma de diversão de alguns indivíduos com o caráter pervertido é insultar, debochar e ofender os outros, devido às diferenças superficiais de cada indivíduo. Ainda assim, é preciso ser maleável e constante como um rio. A rigidez causa fissura, mas a flexibilidade oferece uma longa duração, torna possível a permanência por mais tempo.

Na escola, vemos uma amostra de como a sociedade está organizada. Existe uma pluralidade de grupos que se relacionam entre si em busca de um objetivo comum. O que aproxima os indivíduos são suas origens ou suas preferências. Alguns jovens são extremamente dedicados aos estudos, outros são adeptos a algum esporte, existem aqueles que deixam evidente seu gosto pela arte ou por um estilo musical. Entre tantos estilos musicais, existe o *rock and roll*.

Em meados da década de 1950, o *rock and roll* surgiu da união de dois tipos de música, o *rhythm and blues* negro e a música dos brancos rurais *country-and-western*. Era executado de forma individual ou em grupos como meio de expressar o vazio existencial e a insatisfação da juventude norte-americana, geralmente descrevendo a rotina da vida escolar, romance com garotas e aventuras com automóveis. Depois de algumas décadas, passou a ser uma música com engajamento político e social.

O *rock and roll* é um estilo musical que lhe permite permanecer jovem, independentemente da idade. Pesquisei sobre os músicos precursores. Passei a escutar grupos clássicos que melhor representavam o estilo. A indústria fonográfica costuma apropriar-se de um estilo musical para fins de criar um segmento no mercado, produzir em massa e comercializar. Quando o mercado fica saturado busca-se um novo produto cultural para explorar. Grandes empresas determinam aquilo que o indivíduo consome.

As grandes empresas criam uma necessidade de consumo em uma velocidade maior que a oferta de meios para adquirir recursos financeiros para aquisição daquilo que se deseja consumir. Somos estimulados a comprar o que não precisamos. O mercado desenvolve uma necessidade que antes não existia, gerando um exército de consumidores.

O consumismo tornou-se fonte de felicidade de um jovem íntegro e honesto, mas viciado em jogos eletrônicos. A cada novo lançamento, sentia uma enorme necessidade de adquirir os jogos inéditos. Trabalhava como assistente de tecnologia da informação em uma empresa comercial. Sua fonte de renda tornou-se incompatível com seus hábitos de consumo desenfreados. Precisou elaborar um meio para realizar os seus desejos. Começou a trocar identificação dos jogos novos pela etiqueta dos jogos mais antigos, com menor valor. Assim, levava um lançamento pelo custo de um item obsoleto. Ainda insatisfeito, passou a entrar nas lojas com um livro ou uma revista embaixo do braço. Ao sair da loja colocava sorrateiramente a mídia física com o livro sob o braço e saía da loja sem pagar o produto. Em certa ocasião, a estratégia não deu certo, foi pego em flagrante pelos seguranças e recebeu o devido tratamento.

Na cidade, o que vemos ao nosso redor faz parte de um segmento do mercado, é parte da indústria do consumo. O mercado cria uma demanda, uma necessidade, para lhe fazer de refém. Você deve comprar o que o mercado oferece. Se somos amantes da razão, não caímos nas armadilhas do consumismo.

Alguns grupos de rock bebem direto da fonte e apresentam uma qualidade sonora melhor, como a banda Ligação Totalitária, da qual passei a apreciar o trabalho. Comecei a acompanhar o lançamento dos discos, embora não tivesse dinheiro para comprá-los; registrava datas e lugares de suas performances, ainda que não houvesse condições de ir aos eventos.

Nessa época, estava inebriado pelas descobertas científicas; não que eu não tivesse os pés no chão, estava consciente de que deveria acordar cedo, trabalhar muito e estudar o máximo que possível, mas a ideia de descobrir a origem da vida por meio de quatro elementos básicos, carbono (C), hidrogênio (H), oxigênio (O) e nitrogênio (N), como os livros da época defendiam, chamava minha atenção. Buscava entender como funcionava o motor de combustão interna dos veículos automotores e como um indivíduo da espécie humana se desagregou dos outros primatas, e depois, com uma revolução do intelecto humano, passou de coletor e caçador para agricultor e criador de animais, cultivando a terra, produzindo o próprio alimento e se estabelecendo em um território. Construiu cidades e após milênios explorou mares e continentes tornando o mundo pequeno para as suas ambições, projetou naves e sondas espaciais para ir além dos limites do planeta e vasculhar a imensidão do universo.

Ao mesmo tempo estava preso à indústria de consumo em massa. Apreciava o bom e velho *rock and roll*, quadrinhos de super-heróis e literatura clássica, como contos do Rei Artur, Robin Hood, a *Ilíada* e a *Odisseia*, e mitologia grega. Além de servir como escape, despertava o interesse de outros alunos para iniciar conversa.

Meu interesse nesses conteúdos não se limitava à curiosidade. Andava com livros e revistas que falavam sobre os temas supra, os amigos da sala de aula perguntavam a respeito desses assuntos e eu respondia de forma tão entusiasmada que atraía a atenção de todos. Era o meu momento. Ao que parece, involuntariamente sempre mostrei ser mais que eu realmente sou. Podemos não reconhecer, mas todos gostamos de ser o centro das atenções, nem que seja por um momento. Quando somos jovens a vida parece um sonho, tudo parece uma aventura. Quando somos jovens todos somos belos e formosos, ainda não passamos pelos desertos áridos que o destino nos reserva.

Tudo parecia se repetir: casa, escola e trabalho. A vida é um ciclo, constituída por uma sequência de ciclos menores. O tempo parece passar lentamente, e você acaba na expectativa de que algo extraordinário aconteça. Não é aconselhável deixar o curso de nossas vidas ao acaso, mas as circunstâncias do destino ocasionalmente nos surpreendem.

O noticiário divulgou que uma jovem modelo chamada Simone Linhares com apenas 14 anos conquistava o mundo da moda desfilando pelas principais passarelas europeias. A jovem, dizia a reportagem, acompanhava sua mãe, que foi a um banco reivindicar um débito indevido em sua conta corrente. Um agente de modelo a encontrou na instituição financeira. Ele observou que Simone era dotada de delicada beleza, tinha um olhar maduro e que transmitia confiança, apesar da pouca idade. Conversou com a mãe da jovem, explicando que uma famosa marca de perfumes estava selecionando modelos para uma sessão de fotos e também aconteceria um desfile no shopping da cidade, e assim pediu autorização para que a jovem participasse. Ambas concordaram, o entusiasmo foi tanto que até esqueceram o motivo que as levara ao banco. Daí para as passarelas europeias foi um salto.

Fiquei impressionado com o fato de uma pessoa tão jovem ter conquistado o mundo, passou a ser uma inspiração que conduziria meus passos.

Colava reportagens sobre os grupos de rock na parede do meu quarto; algumas páginas de revistas e jornais que relatavam sobre o rápido sucesso de Simone Linhares no mundo da moda; nas prateleiras havia livros que falavam sobre história, mitologia e religião. Colecionava quadrinhos de super-heróis. Parte do que ganhava no restaurante era para comprar essas revistas. Por muitas vezes me chamavam pelo nome de algum personagem dos quadrinhos, eu respondia com risos.

Onde existe agricultura, indústria e comércio, também existe governo e há grandes zonas periféricas em que vivem pessoas que atuam nesses setores econômicos. Nessas áreas, as pessoas vivem desprovidas de recursos básicos para sobrevivência, como alimentação adequada, saúde, segurança e educação. Não há disponível o suficiente para atender os padrões mínimos das necessidades do ser humano. Dessa forma, esses indivíduos são flagelados por subnutrição, doenças, pobreza extrema e toda modalidade de violência. Por mais que o governo demonstre interesse em atuar nessas áreas, suas medidas são insuficientes. Os recursos direcionados para essa parte da população não chegarão ao seu destino de forma eficiente, por isso é mais interessante para os governos tomar medidas que favoreçam empresários, bancos, investidores e indústria, onde existe garantia de retorno.

Somos encantados pela publicidade governamental, para não dizer enganados, que divulga que as ações do governo são realizadas para garantir o bem-estar da população. Mas esse discurso se limita à propaganda eleitoral, durante as eleições o que está na disputa é o controle orçamentário de uma cidade ou um estado, e não o interesse público, como é apresentado.

Líderes esclarecidos deveriam dirigir as nações com respeito às leis acima de desejos e interesses particulares. Ocorre exatamente o contrário. Membros do governo atuam para se autopromover e se manter permanentemente no controle do orçamento de um Estado. Utilizam o Legislativo para se perpetuar no poder e elaborar leis que beneficiem e protejam a classe dominante.

Uma empresa privada pode declarar falência e suspender a obrigação de liquidar suas dívidas, um trabalhador desempregado e endividado não usufrui desse dispositivo na legislação. O discurso de que trabalham em favor do povo serve apenas para garantir apoio popular em época de eleição.

Em qualquer lugar do mundo, em todo lugar do planeta, em todas as capitais onde há civilização, o Executivo, o Legislativo e o Judiciário estão a serviço de quem possui poder econômico e político. Não há nada de errado em gerenciar as demandas das grandes empresas e corporações. Afinal, os governos foram instituídos para atender os interesses do povo, e aqueles indivíduos que atuam por meio das grandes empresas e corporações fazem parte da população. Acontece que o objetivo de toda empresa de capital privado é o lucro, independentemente de fatores externos, como, por exemplo: se o acúmulo de capital produz miséria ou degrada o ambiente natural. A função do governo deveria ser de fato estabelecer a harmonia e o equilíbrio entre quem possui poder econômico e quem não tem recursos financeiros. Equilíbrio é tudo.

Quando houver uma evolução na forma de pensar do ser humano, veremos com clareza que dividir é equivalente a somar.

Onde eu estudava havia jovens de diversas famílias. Havia filhos de professores, advogados, médicos, bancários, havia até o filho de um juiz (este então já falecido). Minha mãe era doméstica, mas havia poucos com esse perfil, por isso fazia parte de uma exceção.

Nessa época, era comum o professor escrever o gabarito das avaliações no quadro e solicitar que os alunos corrigissem a prova um do outro. Talvez para despertar em algum aluno o interesse pela carreira de docente.

Naquela tarde trocamos as provas para fazer a correção.

Precisei corrigir a prova de Cláudio, um jovem sempre cercado pelos amigos (Matheus e Wagner), namorava várias garotas ao mesmo tempo, o que ocasionalmente gerava confusão. Diziam que ele pagava para os colegas fazerem seus trabalhos escolares. Naturalmente, na sua prova havia poucas respostas corretas e no papel de avaliador eu não poderia fazer nada para ajudá-lo; como colega de sala de aula, fiquei solidário, mas não havia o que fazer. O resultado foi que sua nota foi muito baixa naquela avaliação. Cláudio considerou-me responsável por ter recebido uma pontuação baixa, e isso, para alguém que considerava que tudo deveria lhe favorecer, foi uma ofensa indesculpável. Esse inconveniente ocasionaria uma mudança na rota das nossas vidas.

De repente, passou a haver rumores de que haveria retaliação, Cláudio e um grupo de amigos passaram a me perseguir. Muitas vezes, não temos as habilidades de que precisamos para agir em determinadas situações e procedemos de forma inadequada. Um clima de apreensão e medo instalou-se naqueles dias. Não gostamos de reconhecer o medo, por revelar um lado frágil da nossa personalidade, mas o medo não é sinal de fragilidade. O medo é um elemento do nosso sistema de defesa. O medo é importante para nossa autopreservação. Ninguém atravessa uma avenida sem antes olhar para o lado esquerdo e direito da rua, o medo aumenta a nossa atenção diante dos perigos.

A violência invoca os instintos primitivos de sobrevivência da época em que o homem se aquecia ao redor de uma fogueira e usava pele de animais como revestimento do corpo. A norma predominante era ação e reação, a opção de pensar e planejar não existia. O homem primitivo, diante de um predador, tinha disponível um pequeno intervalo de tempo para fugir ou atacar. Suas escolhas eram limitadas. Um conflito entre dois indivíduos humanos, numa época em que a linguagem praticamente não existia, culminava, com bastante frequência, num confronto corpo a corpo de vida ou morte.

Cláudio estava com a prova na mão balançando a cabeça negativamente, veio na minha direção, amassou o papel e jogou-o contra mim. O caminho para hostilidade é mais fácil, quando o diálogo é difícil.

— Você deveria ter feito alguma coisa para que isso não acontecesse — disse Cláudio.

— Não dava para fazer nada — respondi, com o nervosismo tomando controle.

— Tem que saber viver, Augusto, tem que ser mais malandro.

— Eu não sei agir assim.

Na cidade, a malandragem se disseminou como um meio de sobrevivência e a esperteza se apresenta como uma forma de se desvencilhar das dificuldades nos centros urbanos. Sobreviver nas grandes cidades requer malícia, improviso e versatilidade e muitas vezes a moralidade não encontra espaço nesses termos. Práticas ardilosas e a esperteza são atributos considerados essenciais para ser bem-sucedido no ambiente urbano. Aquele que trabalha com dedicação e esforço não está destinado a ser reconhecido, porém quem realiza seu trabalho com o mínimo de esforço e com pouco ou nenhum comprometimento será recompensado. A *bondade*, a *verdade* e a *justiça* (Efésios 5,9) ocupam um papel secundário.

— Você vai precisar ser esperto.

— Não quero confusão.

Quando disse isso, Matheus e Wagner tentaram levar Cláudio embora, mas este resistiu.

— Você está sempre embaixo da saia de sua mãe, quem vai o ajudar agora? Seu pai?

Aquelas palavras causaram um conjunto de emoções, que fez com que eu agisse de maneira violenta. Fui o primeiro a partir para a agressão física; embora toda forma de evitar o conflito tenha sido tentada, precisava impor limite. Fechei a mão para que o punho ficasse sólido como um tijolo, conforme li em um livro sobre artes marciais, e acertei o primeiro golpe.

Cláudio reagiu e acertou-me um soco. Sempre fui avesso a brigas, não levava jeito para isso. Fiquei ofendido com suas palavras, principalmente quando falou em meu pai, até porque não o conheci. Brigamos violentamente. Minhas habilidades em luta eram limitadas, atirei-me contra Cláudio como um projétil. Parecia que a escola inteira estava assistindo à briga, semelhante a uma batalha de gladiadores romanos. Um funcionário da escola interrompeu a luta e nos separou.

Em um dia você é aclamado como herói, em outro, suas falhas serão utilizadas para o desmoralizar. Os erros que antes declaravam ser parte de sua aprendizagem serão usados contra você. Suas falhas e seus fracassos fundamentais no seu desenvolvimento serão úteis para questionar o seu caráter. Seus erros e fracassos, importantes para consolidar seu histórico, serão expostos para depreciar sua conduta, seu comportamento e questionar sua capacidade. Você não tem apenas a obrigação de ser honesto, é preciso provar sua honestidade todos os dias.

Encaminharam-nos para a direção da escola. Convocaram nossos pais para uma reunião. Apenas nossas mães compareceram, éramos filhos sem pai. Um clima de desconfiança mútua pairava no ar. Houve uma troca de olhares, carregados de ressentimento e hostilidade. Parecia haver um pacto de silêncio entre ambas. Apenas escutaram as orientações da diretora escolar e partiram da mesma forma que entraram, em silêncio absoluto.

Em casa eu estava envergonhado; minha mãe, frustrada.

— Como isso aconteceu? Como chegou a essa situação? Essa confusão poderia ter sido evitada — dizia minha mãe.

— Eu não queria que isso tivesse acontecido.

— Justamente com esse rapaz? Poderia ser com qualquer um, menos o Cláudio, quer dizer, isso não deveria acontecer com ninguém.

— Como assim "menos com o Cláudio"?

— Já disse: isso não deveria acontecer com ninguém.

— Eu vi como a mãe do Cláudio olhou para você, observei como você olhou para ela, vocês não se falaram, geralmente as pessoas se cumprimentam.

— Você está vendo coisas demais.

— Parece que já tiveram algum desentendimento.

— Existem muitos assuntos que você não entende; mesmo que eu explique, você não vai entender.

— Ao menos tente explicar.

— Trabalhei na casa da Selma, a mãe do Cláudio; ela me acusou de ter roubado suas joias, fomos à delegacia, foi terrível.

— O que o Cláudio tem a ver com isso?

— Ele tem tudo a ver com isso, Cláudio é seu irmão por parte de pai — disse ela.

— Não, mas como?

— O pai do Sérgio e da Alessandra não é seu pai, como lhe falei, ele morreu antes de você nascer.

— Por que a senhora está me falando isso agora?

— Posso ter errado nisso, mas achei melhor assim, você precisa me deixar explicar o que aconteceu.

Figura 3 - A Terra vista do espaço

3

A JANELA

Do restaurante onde eu estava, era possível ver a rua movimentada, as pessoas caminhando apressadas e os veículos parados no engarrafamento. Em breve eu estaria no meio dessa multidão à procura de um emprego. Milton, o pai do Sérgio e da Alessandra, havia falecido e a ajuda da minha mãe não era suficiente para garantir nossa subsistência.

Conheci o pai de seus irmãos ainda na escola, eu estava com 14 anos; e Milton, dezessete. Eu morava no conjunto habitacional *Green Dreams* com meus pais e ele atravessava vários bairros periféricos para me encontrar. Na noite do aniversário da cidade, todos foram às comemorações, ficamos sozinhos em casa. Nesse momento engravidei. Nossos pais diziam que precisávamos ser responsáveis por nossos atos.

Alugamos um lugar para morar. Dois anos depois fiquei grávida novamente, Alessandra viria ao mundo. Milton trabalhava como estivador numa rede de supermercados. Orientada por minha mãe, comecei a fazer serviços domésticos, como diarista. Assim era possível pagar o aluguel e manter as despesas.

Começamos a discutir sobre o orçamento mensal, não tínhamos mais tempo um para o outro. Em momentos de tensão, o silêncio é seu melhor amigo, poucos sabem o que a mulher reserva para si. O silêncio lhe permite escutar mais e pensar melhor. Nem sempre o homem consegue ver o esforço de sua companheira para cuidar do lar, ao mesmo tempo não é possível para a mulher enxergar a pressão que o companheiro se submete diariamente para atender as necessidades de sua família.

– Nós não conversamos mais, você me fala apenas do que está faltando e o que precisa comprar — ele dizia.

Milton protestava alegando que as demonstrações de carinho e afeto se tornaram escassas. A mulher busca segurança, o homem procura aventura. Naturalmente, em algum momento encontram no outro o que anseiam. "Beatriz olhava para o alto e eu olhava Beatriz" (Dante Alighieri, *A Divina Comédia*).

Mas esses desentendimentos sempre se encerravam em reconciliação. Numa tarde, quando Milton voltava do trabalho, um ônibus o atropelou. A fatalidade mudou as nossas vidas.

Se olhar ao seu redor verá um número incontável de indivíduos em busca do mesmo objetivo, adquirir recursos necessários para sobreviver. Somos milhões de pessoas vivendo em aglomerados populacionais em um espaço geográfico limitado que chamamos de cidade, onde encontramos os meios que garantem nossa sobrevivência.

No fim daquela tarde em que procurava emprego, encontrei uma amiga, que me mostrou um anúncio no jornal. Ela estava atuando na área de recursos humanos e sempre consultava as páginas de emprego para estar informada sobre o mercado de trabalho. Havia muito tempo, o jornal que anunciava uma vaga disponível de empregada doméstica chamou sua atenção. Eu teria o dissabor de saber por que a vaga não era preenchida. Sem alternativa, aceitei o desafio.

O trabalho era na residência do juiz Lindalvo Cavalcante. A casa era enorme e precisava de cuidados redobrados, pois sua esposa, Selma, estava grávida. Como havia algum tempo estava sem pessoas para fazer os serviços domésticos, havia muito trabalho acumulado.

Passei a ser assediada pelo Sr. Lindalvo primeiro com elogios. Fiquei envergonhada e faltou coragem para falar a respeito; com medo de perder o emprego permaneci em silêncio. Depois, passava a mão em meu pescoço, logo em partes do meu corpo de forma esporádica, e com medo eu escondia de mim mesma a situação.

Em certa ocasião, quando dona Selma não estava em casa, ele me segurou, colocou a mão na minha cintura, tentou abrir o zíper da minha calça várias vezes, por fim conseguiu. Eu percebi que não era possível resistir, ele era mais forte e me violentou.

Foi difícil revelar o assédio, eu tinha medo de perder o emprego, até descobrir que esperava um filho. Não tinha certeza de que ele seria punido, pois era um homem muito influente.

Esse tipo de caso é recorrente. Ocorre com mais frequência do que somos informados, está imerso no histórico da nossa sociedade. Os homens relatam essas aventuras em rodas de conversas masculinas como se fossem troféus.

Quando tomei coragem para falar, perdi o emprego. Dona Selma, indignada, expressou-se de forma exaltada:

— Não acredito!

Disse que me ajudaria a pagar um aborto, eu não concordei. Em qualquer disputa, discussão ou debate, o primeiro passo é desqualificar o adversário para eliminar suas chances de reagir. Recebi o rótulo de mentirosa, e, para ter certeza de que eu não voltaria com mais problemas, dona Selma denunciou na delegacia de polícia que eu havia furtado de sua casa joias e dinheiro. A versão de quem tem potencial financeiro prevalece diante da verdade. Por onde andava, os olhares pareciam dizer: *Mais uma de classe desprivilegiada que escolheu viver no mundo do crime para sobreviver.* Decidi que nunca mais retornaria para pedir ajuda.

Todos os absurdos que podemos imaginar já foram realizados em algum lugar e em algum momento da existência humana.

Quando o ser humano tiver a oportunidade de demonstrar poder, ele mostrará. Quando for preciso praticar benevolência, ele será cruel; quando precisar ter paciência, será autoritário; quando for preciso ter compaixão, será impiedoso; quando tiver a chance de praticar o perdão, não terá misericórdia ou compaixão. Em cada cidadão civilizado, existe um indivíduo capaz de praticar atos vergonhosos, insanos, imorais, impiedosos e autoritários.

Inúmeros conflitos nascem devido a uma falha na comunicação, outra grande parte dos conflitos no mundo acontece por questões econômicas. Quem tem riqueza não planeja perdê-la, não planeja dividi-la. Imagine o que representa para uma mulher casada um filho fora do casamento, fruto de um marido adúltero. Quem tem poder financeiro não quer perdê-lo, não quer dividi-lo. São controlados pelo medo de perder seu meio de sobrevivência, temem perder seu modo de vida.

No período da pré-história humana, o medo representava um instinto primitivo muito útil quando o assunto era sobrevivência. O indivíduo da espécie humana precisava ter o olfato privilegiado para caçar ou para identificar se um alimento poderia ser ingerido ou se era nocivo. A audição deveria ser aguçada para antecipar a presença de predadores. Hoje, somos dotados de habilidades intelectuais para garantir os meios de sobrevivência, mas o medo primitivo permanece. Os efeitos desse medo associado a uma mente ardilosa se manifestam de forma cruel e perigosa aos indivíduos da mesma espécie.

Os jornais divulgaram que uma doméstica havia subtraído joias e dinheiro da residência dos patrões. Distorceram os fatos. A verdade é omitida pela versão oficial da História. Ninguém está comprometido com a verdade, querem ouvir quem conta a melhor versão dos fatos.

A classe privilegiada sabe que indivíduos sem recursos financeiros não têm influência no Judiciário ou na força policial.

Há algum tempo, indivíduos sem recursos econômicos eram tratados com discriminação e rejeitados pela classe com privilégios financeiros. Hoje, os indivíduos com recursos financeiros escassos estão a ser mortos por quem tem poder econômico, força política e policial que lhe favoreça. A força policial tem a seu lado a legislação que lhe permite, em nome do Estado, praticar atos violentos ou mesmo causar a morte de cidadãos em função da ordem pública. Caso haja condenação, poderá cumprir a pena em liberdade e continuar recebendo o soldo.

Todo poder na Terra é estabelecido sobre dor, morte e sofrimento. Um delegado entrou num hospital público solicitando atendimento médico. Ignorou que havia uma fila com dezenas de pacientes aguardando atendimento de acordo com a ordem de chegada. O médico de plantão orientou ao delegado que retornasse à fila de espera. Os atendimentos são realizados conforme o nível de urgência e emergência de cada paciente. O delegado, indignado por não ser atendido como desejava, deu voz de prisão ao médico.

O mal não existe como uma entidade antropomórfica, são os resultados de nossas ações que conferem um aspecto moral definido como bem ou mal. O mal não tem face. Algo acontece no decorrer da vida do ser humano, que realiza pequenas conquistas e começa a acreditar que pode mais, e na verdade ele pode. Todo homem tem capacidade de ir além de suas limitações, e vai. Com o passar do tempo, de acordo com suas conquistas, acredita que pode tudo. Começa a adquirir recursos além do necessário para a sobrevivência. Adquire uma propriedade residencial e passa a se considerar o dono do mundo e se deixa dominar pela arrogância e ameaça quem se aproxima do seu território. Nesse momento, não se permite admitir que está errado ou reconhecer uma derrota. Não aceita mais um fracasso, e torna-se desrespeitoso. Qualquer resultado financeiro negativo é uma tragédia. Qualquer frustração é inaceitável. Não aceita um "não" como resposta e reage com grosseria. Perde a capacidade de aceitar um retorno negativo. Caso suas propostas não sejam atendidas a insatisfação domina seu comportamento e terá uma atitude rude, agressiva e hostil. Torna-se irresponsável com suas palavras e atitudes. É incapaz de suportar qualquer tipo de contrariedade. Defende seu estilo de vida sem os limites da moralidade. Sua vontade é absoluta.

Uma agente de trânsito abordou um juiz dirigindo embriagado, sem habilitação e com os documentos do veículo irregular. O juiz pediu que levasse seu título em consideração e solicitou um tratamento diferenciado. A agente de trânsito alertou que, apesar de ser juiz, ele não era Deus e que, pela importância do cargo, deveria ser exemplo em cumprir a legislação, não voltou atrás e multou o juiz. O juiz sentiu-se ofendido, processou a agente de trânsito e venceu o processo.

Um indivíduo com grande poder aquisitivo, com grande riqueza, acredita que pode fazer tudo o que quer. Muitas vezes é capaz e faz. Quando um indivíduo possui um atributo que outro não tem, passa a se considerar superior e exige tratamento diferenciado. Acredita que todos estão a seu serviço. Acredita que tem um poder que verdadeiramente não possui, o que é possível caracterizar como uma patologia clínica.

Um homem entrou no pronto-socorro da cidade solicitando um atestado médico para sua esposa. A médica que estava de plantão informou que a mulher deveria antes passar por exames laboratoriais. O homem e a mulher se recusaram a fazer os exames e, dominados pela raiva, agrediram violentamente a médica, causando-lhe traumatismo craniano.

A ausência de princípios e valores morais potencializada por um grande poder econômico faz alguns indivíduos acreditarem que podem fazer qualquer coisa, sem os limites de certo e errado. Homens assim estão presentes nos governos, nas empresas e nas famílias. O diretor de uma escola pública é preso em flagrante suspeito de furtar carne da merenda escolar.

É quando deixamos de nos importar com o outro que perdemos o que nos faz civilizados. E assim mostramos a face ruim dos seres humanos. O segredo é não fazer mal a si mesmo e a quem nos cerca. Quando deixamos de nos importar com as consequências de nossos atos, algo está errado.

Alguns indivíduos acreditam que o certo e o errado têm a mesma medida, o mesmo peso e o mesmo valor. É preciso desenvolver a noção exata do que é certo e errado. É uma questão de princípios e valores. Quando você decidir fazer o que é certo, você será rejeitado, olharão você com desconfiança, emergirão adversários de onde menos espera. Quem normalmente lhe dá apoio vai o perseguir. Você estará exposto a um julgamento de quem não conhece a sua história, o seu passado, as experiências que você viveu, quem você conheceu ou os livros que você leu.

Ao fazer o que é certo em um ambiente com ausência de valores morais, você se expõe a um risco considerável. O noticiário divulgou que uma diarista roubou a casa onde trabalhava.

Saber lidar com as frustrações é entender que sempre haverá uma compensação. É melhor reagir a uma situação difícil de forma controlada que deixar as contrariedades o dominarem. Por exemplo, você pode ficar inconformado em ser o último numa fila de atendimento ou pode aproveitar o momento para ler um livro, ouvir uma música ou aproveitar para conversar com alguém. Existem vários relatos que demonstram que acontecer algo ruim com uma pessoa acaba evitando algo pior. Nossos maiores erros são cometidos quando estamos dominados por algum tipo de emoção negativa, como raiva e frustração. Sempre há uma compensação por se manter controlado.

Não se pode ser feliz o tempo todo, como também nem todo mundo pode ser feliz ao mesmo tempo. Da mesma forma que nenhum sofrimento dura para sempre, a felicidade não é permanente. A felicidade é um comprimido. Você a experimenta em quantidades regulares. É preciso mudar a maneira de encarar os eventos que se sucedem.

Quando alguém é feliz ou está passando por um momento de realização pessoal, existe um grupo de pessoas a dar suporte a esse momento de estado de autorrealização e essas pessoas vivem ou passam por alguma angústia ou infelicidade. O conceito de felicidade é corrompido quando a felicidade de um interfere na felicidade e no bem-estar de outro.

Criamos nossos próprios dramas, apesar de sabermos que todo sofrimento é passageiro, assim como a felicidade. Não importa quanto uma situação esteja difícil, se você for controlado por ela, a tendência é ficar pior. Por mais difícil e complicada que seja a situação, sempre existe alguém em piores condições. Pode parecer uma afirmação pessimista, mas é importante estar sempre preparado para qualquer evento, seja ele positivo ou negativo. Em qualquer alternativa, o controle, o equilíbrio e a serenidade lhe darão vantagem. O que é uma vacina senão uma parte de um agente patológico causador de uma doença que é inserido no interior do corpo humano para que, quando a doença infectar o indivíduo, o sistema imunológico esteja preparado para reconhecer e combater a enfermidade?

O sofrimento eleva a condição humana. Evitar o sofrimento é renunciar à vida. Desejar apenas a felicidade é enganar a si mesmo. O sofrimento está presente na existência do gênero humano, é o que promove a elevação do estado natural do ser humano. Todo sofrimento é temporário, viver é um privilégio.

As dificuldades são fundamentais para o desenvolvimento dos indivíduos e os desafios promovem a evolução do ser humano.

Figura 4 - Planeta Terra, vista do espaço

7

O DESVIO

Mudou tudo. Enquanto minha mãe relatava o que acontecera em seu passado, fui tomado por um turbilhão de emoções e pensamentos desordenados. Você cria diversas alternativas para absorver uma frustração, mas é preciso encarar os fatos e enfrentar a realidade. Quando somos jovens, a família é o que temos de importante, ainda não conhecemos os prazeres vazios.

Às vezes, o destino tira o que há de maior valor na vida dos jovens, e, como ainda estamos em fase de amadurecimento, a dor é insuportável. Naquele momento, meu coração estava completamente despedaçado. Sentia uma terrível aflição, estava dilacerado e o sentimento de agonia inclinava-me a uma angústia profunda. É difícil encontrar as palavras corretas para descrever o desespero que se instalara nos meus pensamentos desorganizados naquele dia.

Não sabia o que pensar ou o que fazer, mas vejo agora que esse era o meu mundo. Embora estivesse devastado, não havia nada a fazer, nada a pensar. Estava sentindo um desespero por algo que aconteceu antes de eu ter nascido. Devo ter derramado lágrimas nas mãos antes de adormecer. Os meus compromissos ainda eram os mesmos, os meus planos permaneciam os mesmos, apenas recebi informações diferentes sobre meus pais e precisava continuar. A personalidade humana é lapidada por meio do sofrimento. Precisamos enfrentar as dificuldades com serenidade. Chorar pode aliviar as dores, mas um sorriso ilumina a vida e a serenidade lhe permite seguir em frente.

Voltei ao restaurante, como fazia todo dia. Realizei minhas tarefas como deveria, mas algo parecia diferente, o calor da emoção ainda estava presente, era como uma febre. Talvez fosse o peso da emoção que eu carregava. Por mais que queiramos simplificar os fatos, é muito difícil quando você é o personagem principal da história.

Na hora de ir à escola, ainda estava constrangido e atormentado, sentia que nuvens escuras de tempestade se formavam no horizonte do destino.

Não queria encontrar o Cláudio, algo que seria impossível. Naquele momento, nada fazia sentido. Quando o encontrei no corredor da escola, ele estava acompanhado por outros colegas, Matheus e Wagner. Fiquei paralisado, dominado pelo desespero, senti um frio no corpo e parecia que algo ruim iria acontecer. Percebi-o caminhando na minha direção. Segurei os cadernos que levava com força e comecei a correr, o que o fez perseguir-me correndo. Aconteceu tudo muito rápido. Um zelador da escola havia deixado um balde de água com um pano de chão para demarcar o piso molhado próximo à escada. Cláudio se aproximava quando saltei para desviar-me do balde. Cláudio não viu o balde e tropeçou, caindo escada abaixo.

Não entendo como aconteceu, nos depoimentos as testemunhas declararam que a queda o fez quebrar o pescoço e morrer. O tumulto foi inevitável, primeiro chegaram Matheus e Wagner, a seguir os outros alunos e os professores. A confusão foi generalizada. Começaram a perguntar como aconteceu. Os dois amigos de Cláudio disseram que eu era o culpado. Chegou a ambulância e uma viatura da polícia. Disseram que eu deveria ir à delegacia de polícia, tentei me desvencilhar, mas seguraram-me com força e rasgaram a camisa que eu usava. Assim, fui levado para a delegacia. O que a lei diz sobre a detenção de jovens infratores não importava naquele momento. O filho de um juiz estava morto e havia um procedimento para ser realizado com eficiência.

O MUNDO IMPERFEITO

A morte de um filho em plena juventude produz uma aflição na alma de uma mãe. As lágrimas deixaram os olhos de Selma vermelhos. Não era pequena a causa de sua dor. A criança que ela gerou, carregou nos braços e alimentou, devido à fatalidade do destino, agora estava imóvel e sem vida. A morte é um evento natural da vida, entretanto, quando perdemos uma pessoa próxima, o luto se manifesta e buscamos entender este momento mais profundamente. O que sabemos sobre o que existe após a morte são especulações, escolhemos o que decidimos acreditar.

Selma passou a sonhar com Cláudio todas as noites. Em um de seus sonhos, havia um vasto campo verdejante onde uma multidão estava enfileirada, uma após a outra, com roupas brancas e descalças. Cláudio era o último em uma dessas fileiras. Estava sentado em uma pedra posicionada na grama.

Um policial estava de plantão aguardando o oficial que o iria substituir naquela noite. Começou a escrever o relatório perguntando meu nome e endereço.

— Qual o seu nome?

— Augusto Souza da Silva — respondi.

— O maior crime que o homem pode cometer é ceifar a vida de outro indivíduo da sua espécie — comentou o policial, e a seguir fez uma pergunta direta: — Você matou o Cláudio?

— Não, foi um acidente.

— Você está envolvido no acidente que matou o Cláudio?

— Estava.

— Então você matou o Cláudio?

— Ele tropeçou em um balde com água e caiu.

Percebi que não adiantava falar. Somos mal interpretados com frequência, com mais frequência do que imaginamos. A injustiça tornou-se banal. Qualquer palavra que eu dissesse iria trazer à tona a sentença já estabelecida. Durante a Revolução

Francesa qualquer indivíduo submetido a um julgamento já estava condenado e seria enforcado, decapitado, esquartejado e teria suas vísceras expostas. Qualquer acusado que entrasse no tribunal já estava condenado a partir do momento em que seus pés caminhassem nas repartições internas do Judiciário. O princípio republicano que estabelece que *todos são iguais perante a lei* não se sustenta quando percebemos que os julgamentos são decididos de acordo com a capacidade financeira que alguns indivíduos possuem para pagar o melhor advogado. A força policial e o Judiciário estão a serviço de quem tem capital político, econômico e financeiro. O julgamento é apenas a realização de um roteiro preestabelecido, com atuação de indivíduos com ego inflado, salário pomposo e linguagem jurídica. A sentença é determinada de acordo com a capacidade do acusado para contratar o melhor e mais qualificado advogado. O poder econômico carrega uma força política e judicial, é um benefício de quem possui capacidade financeira.

Existem lugares no mundo em que o indivíduo, mesmo tendo a seu favor o princípio do contraditório e da presunção da inocência, ou sem ter cometido nenhum crime, pode ser incriminado, julgado e condenado apenas para atender uma classe privilegiada. O direito dos homens é ignorado onde predomina a lei do mais forte. Homens brilhantes têm suas carreiras arruinadas quando não atendem os interesses de quem tem poder econômico e político. Se você não se colocar ao lado daqueles que possuem poder financeiro, será tratado como adversário e sofrerá retaliações apenas por discordar de suas ações ou ter uma opinião diferente.

Pensar de forma diferente que a maioria é uma batalha que se luta todos os dias. Muitos vão defender sua fonte de recursos, vão o obrigar a ficar a favor de uma classe que age de forma contrária aos ideais que dizem proteger. Muitos defendem quem está no governo por dependerem economicamente dos governantes para sobreviver. Os governantes são a representação exata do que é um povo. Até mesmo as instituições de fiscalização e controle estão a serviço de quem tem potencial financeiro ou político. Quem possui alguma espécie de poder acredita que todos os outros indivíduos estão a seu serviço. Os homens admiram quem tem respeito e integridade, mas obedecem quem possui dinheiro, riqueza e poder.

Quando estamos diante de um problema, não conseguimos encontrar a solução devido ao peso emocional que o desafio carrega. A razão é obstruída pela emoção e muitas vezes a solução é mais fácil do que imaginamos. Você procura respostas dentro de si mesmo e encontra apenas mais dúvidas. Nesse momento, você olha para o céu aguardando uma intervenção divina e encontra apenas o vazio e o silêncio. Todo dia nossas crenças e valores são testados, nossa fé é colocada à prova o tempo todo e em alguns momentos se revela fraca e frágil.

O relacionamento do homem com Algo Superior, com Deus, está presente na história da humanidade.

Napoleão Bonaparte reconheceu como a religião é útil para a sociedade ao assinar a Concordata, acordo que estabelecia liberdade religiosa para todos. Em eras remotas, o indivíduo da espécie humana tremia de medo quando ouvia o estrondo do trovão. Para explicar os fenômenos naturais, o ser humano relacionava o evento a alguma divindade, geralmente antropomórfica. Com o advento da agricultura, observamos a realização de cultos e oferendas às entidades relacionadas à fertilidade.

A religião se tornou fundamental na formação da estrutura dos povos e civilizações do passado. O culto às divindades acontecia de acordo com a sua cultura. Alguns eram politeístas, outros monoteístas. No Egito, veneravam-se as forças da natureza, como gatos, cães, serpentes, crocodilos e outros animais. Também adoravam Set, o vento quente do deserto; seu irmão, Osíris, deus da fertilidade e da morte; Ísis, a deusa da fertilização e das sementes; Hórus, o deus falcão, o sol nascente. Houve o culto a Rá, o sol criador de todos os deuses. Adotaram Amon como deus supremo. Combinaram os dois deuses, Amon-Rá, protetor dos faraós. Ainda havia outros deuses: Ptah, protetor dos artesãos; Thot, deus da ciência e protetor dos escribas; Anúbis, deus chacal, protetor dos embalsamadores; Maat, deus da justiça; Sobeque, o deus-crocodilo; Ápis, o touro.

Na Mesopotâmia, cultuavam Anu, deus do céu; Shamash, deus do sol e da justiça; Sin, a deusa da lua; e Ea, o deus das águas. Os babilônios tinham Marduk, os assírios Assur. Ishtar, a deusa maior, era cultuada por todos.

Os persas adoravam vários deuses. O profeta Zoroastro ou Zaratustra promoveu o dualismo entre o bem e o mal. O bem era representado pelo deus Ahura Mazda, luz, verdade e retidão. O deus do mal, das trevas e da discórdia era Ahriman.

Os hebreus guardavam a fé em um deus único, Iahweh (Aquele que é), mas se desviaram do monoteísmo várias vezes.

Os habitantes da ilha de Creta veneravam a Grande Mãe protetora da terra e da fertilidade, representada por uma pomba e uma serpente.

Os fenícios tinham como deus protetor Baal ou Baalat, que simbolizava a chuva e a tempestade; Aliyan, o deus das fontes; Astarte, deusa da fecundidade; Adônis, o renascimento da vegetação e a vitória da vida sobre a morte; Melkart, o grande deus da cidade de Tiro.

A religião teve forte influência cultural nos povos da Grécia. A mitologia grega representa para a humanidade um ensaio ao desenvolvimento da lógica e da razão. Os principais deuses gregos eram Urano (o céu), Gaia (a terra), Cronos, Reia, Zeus (deus de todos os deuses), Héstia (deusa dos lares), Demeter (deusa da terra), Poseidon (deus dos mares), Hades (deus dos infernos),

Hera (esposa de Zeus), Ares (deus da guerra), Afrodite (deusa do amor), Apolo (deus das Artes, da Música, da Medicina), Hermes (mensageiro dos deuses, deus da comunicação) Artêmis (deusa da saúde e da vitalidade), Hefesto (deus do fogo, ferreiro dos deuses), Atena (deusa da sabedoria, da razão e da paz), Dionísio (senhor da vindima).

Roma assimilou os deuses gregos Júpiter (Zeus), Juno (Hera), Minerva (Atena), Ceres (Deméter), Marte (Ares), Vênus (Afrodite), Mercúrio (Hermes), Vesta (Héstia), e Netuno (Poseidon), Plutão (Hades).

Os maias, povo mesoamericano, acreditava em Itzamna, senhor do céu, que era o deus mais importante. Cultuavam ainda deuses do sol, da lua, da chuva, do vento, da vida, da morte, da caça, da agricultura, e o deus do milho.

Os astecas realizavam o culto a Colibri Azul, deus do sol do meio-dia ou Grande Pássaro Azul; Coaticlue, mãe de Colibri Azul; Tezcatlipoca, deus da noite; Quetzalcoatl, deus da sabedoria; e Tlaloc, deus da chuva.

Na América do Sul, os incas adoravam deuses associados a elementos da natureza, como a chuva, o raio, a terra, o sol e a lua. Inti era o deus-sol; Viracocha, pai de Inti, era o criador dos cinco ciclos da humanidade. Huari, responsável pela colheita e pela água.

Hoje, os povos e as nações são fundamentados pela constituição de suas leis. A religião perdeu espaço e, em alguns casos, tornou-se um assunto polêmico e incômodo. O homem moderno e autossuficiente é capaz de opor-se à ideia de dependência do ser humano a um Deus. Atualmente, é possível descobrir o sentido da vida em um artigo científico, na aquisição de um bem de consumo ou numa série de TV. Podemos encontrar, em uma clínica ou em uma farmácia da esquina, a cura para uma doença que historicamente matava milhões. Caso apareça uma nova doença, equipes de cientistas se mobilizam para descobrir a cura em tempo hábil. A tecnologia permite acelerar a produção agrícola. A indústria alimentícia busca atender à necessidade humana de alimentação e tenta resolver o problema da fome mundial. A explicação dos fenômenos da natureza é apresentada de forma lógica e racional (Harari, 2016).

Há uma complexidade muito grande no mundo, no universo, para ser atribuída ao acaso. A natureza revela os sinais do Criador. Está além da nossa percepção física e material. Quando os ventos estão a nosso favor, atribuímos a nós mesmos os avanços que conquistamos e os bons tempos em que nos encontramos. É difícil reconhecer que uma força superior age para nos favorecer. Entretanto, quando os tempos não são tão bons e as tragédias assolam a humanidade, nós nos perguntamos por que Deus permite que aconteçam determinados eventos.

Caso seja subtraído tudo o que o homem possui, o seu modo de vida, a tecnologia, os meios de sobrevivência, restará apenas o vazio e esse vazio só pode ser preenchido por algo maior, por Deus. Não é por acaso que, quando se perde uma pessoa próxima ou um emprego, o indivíduo é tomado por uma crise existencial. Mas, se esse indivíduo tem uma relação com algo superior, com Deus, certamente essas perdas causarão menos efeito, pois esse indivíduo entende o que é permanente e transitório, e também consegue diferenciar o que é essencial e atemporal do que é efêmero e temporário. Para aquele que desenvolve uma prática religiosa e alimenta a fé em algo superior, em Deus, existe um equilíbrio entre o mundo material e o universo intangível. Equilíbrio é tudo.

Da mesma maneira que o ser humano precisa de alimento para atender suas necessidades biológicas, o homem precisa de Deus para sobreviver. Na ausência da fé no Criador, o homem não consegue mais do que destruir a si próprio. Alguns dilemas da religião são solucionados pela ciência. A ciência nos dá respostas e soluções práticas, a religião ilumina grandes mistérios da vida em sentenças. Ou você acredita ou não. Acreditando, você fundamenta e testemunha suas crenças.

Sem alimento o ser humano morre individualmente; na ausência de Deus, a morte é coletiva. Com Deus encontramos sabedoria, leis e mandamentos que controlam os impulsos, regras que promovem a cooperação de uns com os outros. O Criador oferece garantias dos direitos de qualquer pessoa humana. A prescrição das leis é de interesse do próprio o homem, para que ele viva e não morra.

Por mais racional e esclarecido que seja o indivíduo, sempre haverá o apelo a uma divindade. Existe uma famosa sátira que fala de um ateu viajando de avião; este passa por uma severa turbulência e uma das turbinas para de funcionar. O primeiro pensamento do incrédulo é: *Meu Deus!*

Não podemos deixar a religiosidade ser ofuscada por superstições, em que o indivíduo desenvolve uma prática esperando que algo aconteça ou não. Muitos entregam o dízimo regularmente à espera de prosperidade financeira, outros posicionam a imagem de um santo de ponta cabeça esperando sucesso na vida amorosa, consideram o Autor da Existência um instrumento para atender suas necessidades, vontades e desejos pessoais.

Alguns indivíduos usam a religião para se beneficiar, adquirir riqueza e poder econômico e político, "supondo que a piedade é fonte de lucro" (1 Timóteo 6,5). Homens teoricamente religiosos constroem suas carreiras baseados na crença dos fiéis, adentram os meandros do poder político, alardeando trabalhar para atender os interesses de quem tem fé, mas fundamentalmente agem em função de interesses particulares em busca de riqueza e poder. Dessa forma, a religião sofre um descrédito.

Em um mundo onde impera a incerteza, dominado pelo medo e insegurança, é interessante acreditar na existência de um Criador e que nada acontece que não seja da sua vontade. Até mesmo nossa capacidade de fazer escolhas, o livre-arbítrio, foi concedido por Ele. Nesse contexto, os eventos negativos que acontecem no mundo são resultados da ação humana, e não da omissão do Autor da Existência: caso haja uma intervenção divina, nosso livre-arbítrio deixa de fazer sentido.

Os cristãos acreditam que, entre todos os mestres, sábios e líderes, Jesus Cristo foi o único que ressuscitou dos mortos. Cristo anunciou ao mundo a ideia do Reino dos Céus, um reino onde não haveria ricos nem pobres, onde todos seriam iguais. Um reino fundamentado no amor, na caridade e no perdão. Essas ideias atraíram muitos seguidores, principalmente os pobres e humildes, que encontravam conforto e esperança nas suas palavras. Na época, os líderes políticos, religiosos, fariseus, saduceus, escribas e herodianos incomodaram-se com a influência de Jesus, por isso o prenderam, crucificaram e mataram.

De acordo com o Evangelho de Mateus, capítulo 16, versículo 18, Cristo afirma a Simão Pedro, um de seus 12 discípulos: "tu és pedra e sobre esta pedra edificarei a minha Igreja". Cristo envia seus discípulos para anunciar o Evangelho por todo o mundo, em todas as nações e até aos confins da terra. No Evangelho de João, capítulo 21 e versículo 25, está escrito: "Há, porém, ainda muitas coisas que Jesus fez. Se todas elas fossem relatadas uma por uma, creio eu que nem no mundo inteiro caberiam os livros que seriam escritos".

Muitos fundamentam a sua fé na Sagrada Escritura, na Bíblia. Existem também aqueles que baseiam suas crenças nos eventos históricos. Todos acreditam que estão certos. Ainda, há aqueles que aceitam o testemunho oriundo diretamente dos santos apóstolos, a verdadeira tradição da doutrina recebida como que transmitida de pai para filho que chegaram até nossos dias. Todos afirmam que estão com a razão.

Os apóstolos perseguidos espalharam-se naquela região, formaram comunidades cristãs e fundaram igrejas em Jerusalém, Galileia, Judeia, Samaria, Antioquia, Creta, Mileto, Éfeso, Corinto e por toda região do Mar Mediterrâneo até chegar a Roma. Pedro instalou-se em Roma, assim como o apóstolo Paulo, para converter pobres e escravos. Paulo foi decapitado em Roma e ali igualmente Pedro foi crucificado de cabeça para baixo conforme ele mesmo desejara sofrer, pois considerava indigno de ser crucificado como Jesus.

As comunidades cristãs já estavam formadas e preservaram a fé, mesmo sendo perseguidas, martirizadas e mortas por não aceitarem a figura divina do imperador e por se recusarem a adorar os deuses romanos. Os primeiros cristãos realizavam os cultos e celebrações em segredo e se reuniam em lugares escondidos por precaução para se esquivarem das perseguições.

Em Roma, o cristianismo se expandiu de maneira silenciosa, constante e crescente, de forma que, após séculos, o Império Romano converteu-se ao cristianismo. A Igreja cristã incorporou toda a estrutura imperial, incluindo os costumes e os métodos de expansão. Se antes os cristãos eram perseguidos pelo Império, agora, com o Império convertido ao cristianismo, ser cristão passou a ser de interesse imperial, e muitos passaram a viver sua fé superficialmente, apenas pelos benefícios e concessões.

A conversão do Império Romano ao cristianismo deu origem a muitos males, como as grandes doações aos líderes da Igreja tornando-os ricos, inserindo, assim, a cobiça e o amor ao dinheiro e ao poder onde a humildade e o despojo aos bens materiais deveriam ocupar lugar. A chegada do cristianismo ao continente americano foi acompanhada por violência, devido à forte influência militar romana introduzida nas práticas de evangelização da Igreja, que nessa época representava uma forma de reagir contra a Reforma Protestante, que tinha Martinho Lutero como expoente.

Com o crescimento e expansão, a Igreja adotou inúmeras práticas, como: a oração pelos mortos (Marcos 12,26-27); o sinal da cruz (Marcos 8,34); a confecção e uso de velas nas celebrações e momentos de culto (João 8,12); a veneração dos anjos e santos falecidos; o uso de imagens como objeto de veneração (Êxodo 25,18-19); a missa (1 Coríntios 11,23-24); a exaltação de Maria como Mãe de Deus, imaculada intercessora, mediadora, Rainha dos Céus (Lucas 1,39-53); a extrema unção; o purgatório (1 Coríntios 3,10-15); a adoração da cruz das imagens e relíquias (Atos 19,11-12); a água benta; a canonização dos santos; o celibato (Mateus 19,12); o rosário (Lucas 1,28); a inquisição; e a venda das indulgências, que concediam perdão dos pecados a quem pagasse por elas.

Insatisfeito com as práticas da Igreja (*ecclesiae catholicae*), Lutero encontrou conforto na Carta de Paulo aos Romanos, que afirma "o justo viverá pela fé" (Romanos 1,17); e rejeitou a doutrina e as práticas da Igreja apoiado por príncipes descontentes com o controle da Igreja. Entretanto, a Carta de Tiago afirma que "a fé, se não tiver obras, por si só está morta" (Tiago 2,17). Nesse momento, a unidade pela qual Jesus orou (João 17,21) foi rompida.

É um risco observar apenas textos fragmentados das Escrituras. É possível imaginar quantas pessoas poderiam ter se mutilado ao interpretar isoladamente os versículos 29 e 30 do capítulo 5 do Evangelho de Mateus, que diz:

> [...] caso teu olho direito te leve a pecar, arranca-o e lança-o para longe de ti, pois é preferível que se perca um de teus membros, do que todo o teu corpo seja lançado no fogo, caso a tua mão direita te leve a pecar, corta-a e lança-a para longe de ti, pois é preferível que se perca um dos teus membros, do que todo o teu corpo para o fogo.

A ideia que se encontra nestes textos é o rompimento com a vida de pecado. Afastar-se daquilo que o leva a praticar um ato pecaminoso. Deixar para trás o homem velho pecador e revestir-se do homem novo sem pecado. Existem momentos em que estamos tão envolvidos com práticas nocivas que o pecado parece fazer parte do nosso corpo e da nossa personalidade. Por isso, precisamos arrancar os maus hábitos e substituí-los por um novo comportamento.

Muitos conflitos podem ser travados usando como justificativa o que está escrito em Mateus 10,34: "não penseis que vim trazer paz à terra; não vim trazer paz, mas espada". Quem decide seguir a mensagem de Cristo está destinado a entrar em conflito com quem está ao seu redor, até mesmo em sua família, embora não seja essa a essência de seus ensinamentos. Em qualquer grupo de pessoas existe discórdia, pois cada indivíduo pensa e age de maneira diferente. Aquele que escolhe seguir a mensagem de Cristo pensa e age diferente de quem está condicionado seguir os valores do mundo, daí naturalmente nascem as contendas.

A fé é fundamental para a vida do cristão, entretanto este demonstra sinais de conversão por meio de obras e ações como caridade, humildade e compaixão. O Criador "olha o coração dos homens" (1 Samuel 16,7); muitos realizam essas obras e ações para serem bem-vistos socialmente, outros acreditam que apenas por terem fé serão salvos, indiferentes à situação de quem está próximo. As advertências dos apóstolos de Cristo revelam uma preocupação em evitar os dois extremos. O mais importante é uma profunda e verdadeira conversão. Entre a fé e a obra existe o processo de conversão. "Brilhe do mesmo modo a vossa luz diante dos homens para que vendo as vossas boas obras, eles glorifiquem a vosso Pai que está nos céus" (Mateus 5,16).

As primeiras igrejas protestantes começaram a surgir a partir de 1524, com as Reformas de Lutero. A seguir, emergiram milhares de outras igrejas. Em 1534, os anglicanos e episcopalianos surgiram, e o fundador foi Henrique VIII; em 1560, John

Knox criou a igreja presbiteriana na Escócia; por volta de 1600, a igreja batista foi iniciada por Thomas Munzer e John Smyth; em 1600, ainda, Robert Browne fundou a igreja congregacionalista; em 1739, a igreja Metodista foi fundada, por John Wesley; em 1831, a igreja Adventista surgiu, fundada por William Miller; em 1874, as Testemunhas de Jeová surgiram, por Charles Taze Russel; em 1914, as igrejas Pentecostais e Assembleia de Deus foram criadas por um grupo de pastores de diversas igrejas protestantes e pentecostais. É delicado trabalhar com datas, pois existem muitas divergências nos registros históricos.

Os descendentes de alguns grupos protestantes de origem germânica refugiados na Inglaterra acabaram partindo para a América do Norte, ocupando as colônias que deram origem aos Estados Unidos. Acreditando ser o novo *povo escolhido* e a América uma nova *terra prometida*, criaram nesta nação um sentimento de grandeza com uma missão superior de iluminar e dominar os outros povos, como Roma na antiguidade. Nasceu o princípio americano de domínio, controle e expansão: ou você aceita o que lhe é apresentado, ou você está condenado.

Missionários norte-americanos de origem sueca chegam à América Latina. A mensagem de Cristo que é apresentada hoje não é a mesma que foi anunciada há dois mil anos. "Há alguns que vos estão perturbando e querendo corromper o Evangelho de Cristo" (Gálatas 1,7).

O céu não é azul como enxergamos. O que vemos é a refração da luz solar quando atravessa a atmosfera terrestre e atinge os átomos dos gases de oxigênio e nitrogênio. Somos traídos pelos nossos sentidos físicos.

O ideal americano de domínio, controle e expansão está inserido nos discursos religiosos dos cristãos dos últimos séculos. Aquele que não concordar e aceitar o discurso dos cristãos últimos tempos está condenado e será desmoralizado. Amor, perdão e piedade não estão presentes nos seus ensinamentos. Anunciar a mensagem de Cristo com ênfase na condenação é coagir o outro a aceitar o seu discurso. É forçar o outro a concordar com suas ideias através do medo. Como todas as emoções, o medo elimina a capacidade de pensar de forma racional. Ou seja, observamos que uma conversão, que deveria ser espontânea, passa a ser uma conversão forçada, pelo medo da condenação ou por conveniência. Toda emoção é temporária: a conversão deixará de fazer sentido quando o medo passar. O indivíduo tratará os cristãos com descrédito e o coração ficará endurecido.

Os cristãos dos últimos tempos se consideram superiores aos pecadores, condenam e rejeitam os filhos de Deus que se encontram em uma vida de pecado. Não cabe a nós julgar quem será salvo ou não, todos nós somos pecadores. Cristo andava com pecadores e foi morto por religiosos. "Veio o filho do Homem, que come e bebe, e dizeis: Eis aí um glutão e beberrão, amigo de publicanos e pecadores" (Lucas 7,34). O indivíduo lê alguns capítulos da Bíblia e se considera dotado de conhecimento para julgar e condenar os filhos de Eva que cometem pecado. Alguns leem dois ou três versículos e se julgam iluminados para dizer o que o outro deve ou não deve fazer. "Porque julgando a outro, condenas a ti mesmo, pois praticas as mesmas coisas, tu que julgas" (Romanos 2,1).

Os pecadores serão os primeiros a entrar no Reino dos Céus, e o inferno está cheio de religiosos. "Pois Deus não enviou o Filho ao mundo para julgar o mundo, mas para que o mundo seja salvo por ele" (João 3,17).

"Pois o Filho do Homem não veio para destruir a alma dos homens, mas para salvá-las" (Lucas 9,56)[3].

Aquele que julga e condena o pecador, exatamente a quem Jesus veio salvar, atua contra Cristo. "Se alguém ouvir minhas

---

[3] Os textos das palavras de Jesus faltam em vários manuscritos antigos.

palavras e não as guardar, eu não o julgo, pois não vim para julgar o mundo, mas para salvar o mundo" (João 12,47).

Cristo afirma no Evangelho de Marcos (16,16), "aquele que crer e for batizado será salvo; o que não crer será condenado". Cristo não condena o pecador ou o incrédulo, mas *aquele que não crer* é que condena a si mesmo. Não vemos o pecador com piedade, misericórdia ou generosidade, estamos mais aptos a julgar e condenar. Evidentemente, existe consequência para quem não acolhe a Palavra de Salvação que Cristo anunciou e permanece numa vida de pecado, "porque o salário do pecado é a morte" (Romanos 6,23), de acordo com a lei da causa e efeito, em que toda ação leva uma reação. "Quem me rejeita e não acolhe minhas palavras tem seu juiz: a palavra que proferi é que julgará no último dia" (João 12,48).

A salvação é certa, por intermédio de Jesus Cristo, mas não devemos negligenciar o pecado, todos terão de dar conta de suas transgressões. "E por que – como aliás alguns afirmam caluniosamente que nós ensinamos – não haveríamos nós de fazer o mal para que venha o bem? Desses tais a condenação é justa" (Romanos 3,8).

Fundamentado na Sagrada Escritura, você pode anunciar o evangelho da condenação de acordo com os objetivos da corrente de pensamento que você segue ou anunciar Jesus Cristo morto e ressuscitado para remissão dos nossos pecados em unidade com a tradição da Igreja primitiva dos primeiros séculos do cristianismo. Muitas vezes, você segue uma corrente de pensamento sem se dar conta. Os cristãos dos últimos tempos buscam agregar numerosas multidões para demonstrar força e influência, ninguém está preocupado com a conversão dos filhos de Adão que cometem pecado. "Eles trocaram a verdade de Deus pela mentira e adoraram e serviram a criatura em lugar do Criador" (Romanos 1,25).

Os cristãos dos últimos tempos reproduzem com exatidão o comportamento dos fariseus da época em que Cristo andou na Terra, porque oram em público para todo mundo ver, "gostam de fazer orações pondo-se em pé nas sinagogas e nas esquinas, a fim de serem vistos pelos homens" (Mateus 6,5), e criam regras e um corpo de doutrinas que eles mesmo não cumprem, "pois dizem, mas não fazem. Amarram fardos pesados e os põem sobre os ombros dos homens, mas eles mesmo nem com um dedo se dispõem em movê-los. Praticam todas as suas ações com o fim de serem vistos pelos homens" (Mateus 23,3-4). Dessa forma, afastam as pessoas comuns da presença do Criador, "pois como está escrito o nome de Deus é blasfemado entre os gentios por vossa causa" (Romanos 2,24).

De acordo com a parábola do bom samaritano (Lucas 10,29-37), vendo um homem que caiu na mão dos assaltantes que o espancaram e o deixaram semimorto, um sacerdote e um levita (os levitas realizavam serviços no templo) passaram adiante e prosseguiram, enquanto um samaritano usou de misericórdia para com ele (os samaritanos eram considerados impuros pelos judeus). Com essa parábola, Cristo ilustra o comportamento dos religiosos. Vemos que os pecadores e excluídos têm mais predisposição para praticar o bem que os religiosos. Os cristãos dos últimos séculos são formados para julgar e condenar os pecadores filhos de Deus, justamente a quem Jesus veio salvar.

Enxergamos o pecado e não vemos o ser humano. Cristo foi hospedar-se na casa de Zaqueu, um pecador, e lhe disse: "Hoje a salvação entrou nesta casa" (Lucas 19,9). Cristo não condenou Zaqueu por ser um pecador. Sabendo a respeito do modo de vida de Zaqueu, Cristo poderia ter rejeitado a companhia daquele coletor de impostos, mas, ao contrário, foi até a sua casa. Nossos sentidos físicos não nos permitem ver que somos seres luminosos, enxergamos apenas a matéria orgânica, o corpo perecível.

Cristo não esperava cultos ou celebrações, preces ou adorações em templos ou passeatas pela paz mundial (o que não é proibido, afinal hoje vivemos em países democráticos), mas orientava as pessoas nos seguintes termos: "amarás a Deus de todo o teu coração, de toda a tua alma, de todo o teu entendimento e com toda a tua força e amarás ao próximo como a ti mesmo" (Marcos 12,30-31).

O evangelho do último domingo chama minha atenção, pois afirma que no dia do julgamento ninguém será questionado pelo conhecimento nas Escrituras ou pela quantidade de vezes que frequentou os templos, mas pelo bem que fez aos filhos de Adão e Eva mais desfavorecidos. Trata-se de um discurso sobre o último julgamento:

> Então dirá o rei aos que estiverem a sua direita: "Vinde benditos de meu Pai, recebei por herança o Reino preparado para vós desde a fundação do mundo, pois tive fome e me deste de comer. Tive sede e me deste de beber. Era forasteiro e me acolheste. Estive nu e me vestiste, doente e me visitaste, preso e vieste ver-me". Então os justos lhe responderão: "Senhor, quando foi que te vimos com fome e te alimentamos, com sede e te demos de beber? Quando foi que te vimos forasteiro e te recolhemos ou nu e te vestimos? Quando foi que te vimos doente ou preso e fomos te ver?" Ao que lhes responderá o rei: em verdade vos digo: cada vez que o fizeste a um desses meus irmãos mais pequeninos, a mim o fizestes. (Mateus 25,34-40).

Cristo não perguntará quanto conhecia as Escrituras ou quantas vezes visitou os templos, mas saberá quanto tratou com piedade, misericórdia e compaixão os filhos de Deus mais necessitados. "Glória, porém, e honra, e paz a todo aquele que pratica o bem" (Romanos 1,10).

Dizia para as multidões: "felizes os que promovem a paz, porque serão chamados filhos de Deus" (Mateus 5,9). Hoje, os cristãos dos últimos tempos vociferam palavras expelindo saliva agressivamente alegando seguir os ensinamentos de Cristo.

Quando os escribas e fariseus apresentaram a Jesus uma mulher surpreendida em adultério (João 8,3), "Jesus lhe disse: 'Mulher, onde estão eles? Ninguém te condenou?' Disse ela: 'Ninguém, senhor'. Disse então Jesus: 'nem eu te condeno. Vai, e de agora em diante não peques mais'". Cristo se dirige à mulher com generosidade e delicadeza inspiradora, ao contrário daqueles religiosos e conhecedores das escrituras que ameaçavam matá-la de forma brutal, pretendiam apedrejá-la. Haverá quem afirme que Cristo agia com severidade quando era preciso, usando como referência o momento em que começou a expulsar os vendedores e os compradores que estavam no templo (Marcos 11,15-16), mas podemos observar que na maioria das situações agia com sutileza e cordialidade.

Os quatro evangelhos, que registram a passagem de Cristo na terra, mostram que Jesus Cristo andava com pecadores e estava ao lado dos pobres. Em Isaías 53, vemos que "levou sobre si o pecado de muitos e pelos criminosos fez intercessão". Religiosos conhecedores das Escrituras foram responsáveis pela sua morte e condenação.

Não são fragmentos isolados das Escrituras, tanto o Antigo quanto o Novo Testamento se traduzem em esperança para quem está perdido.

> Ora tudo o que se escreveu no passado é para nosso ensino que foi escrito, a fim de que, pela paciência, pela perseverança e pela consolação que nos proporcionam as escrituras, tenhamos esperança. (Romanos 15,4).

Ainda hoje são fundadas inúmeras igrejas em toda parte do mundo, usam a religião como meio de capitalizar recursos para sobrevivência e enriquecimento. Existem supostos cristãos que praticam a caridade e a generosidade para se autopromover entre os fiéis. Pseudo-religiosos sedentos por recursos financeiros a qualquer custo. Cristãos que idolatram dinheiro. A luta por recursos econômicos remove os princípios de moralidade e elimina a presença de algum sentimento de generosidade e compaixão. A luta do bem contra o mal, uma batalha tão antiga quanto a própria civilização.

É inegável a influência da Sagrada Escritura na cultura ocidental. A Bíblia foi traduzida centenas de vezes, perdendo, assim, seu significado. Não é necessário grande esforço intelectual para atribuir uma ideia ou um conceito à Sagrada Escritura. Grupos e pessoas, "dando ouvidos a homens desviados da verdade" (Tito 1,14), utilizam dessa prática para condicionar os indivíduos a pensar e agir de maneira seletiva, discriminatória e radical.

"Antes de mais nada, sabeis disto: que nenhuma profecia da Escritura resulta de interpretação particular" (2 Pedro 1,20). A Palavra simplesmente é, e sempre será, independentemente de explicações, interpretações ou discursos vazios de supostos seguidores de Cristo.

"Timóteo, guarda o depósito, evita o palavreado vão e ímpio, e as contradições de uma falsa ciência, pois alguns professando-a se desviaram da fé" (1 Timóteo 6,20). O conteúdo do depósito é a fé, devemos conservar e em seguida entregar ou transmitir intacto o depósito que nos foi confiado.

A Palavra não passa sem causar um efeito profundo na vida dos filhos de Adão. Quem tem contato com as Escrituras tem sua vida fundamentalmente transformada. Acreditar que não há mudança na vida daquele que tem contato com as Escrituras é não compreender a força que tem a Palavra do Criador. "Pois a palavra de Deus é viva, eficaz e mais penetrante do que qualquer espada de dois gumes; penetra até dividir a alma e o espírito, junturas e medulas" (Hebreus 4,12).

Somos rápidos em julgar e ágeis em condenar, mas o Criador age com paciência. Esperamos que os filhos de Adão aceitem nosso discurso de forma imediata.

> O Senhor não tarda a cumprir sua promessa, como pensam alguns, entendendo que há demora; o que ele está, é usando de paciência convosco, porque *não quer que ninguém* se perca, mas que todos venham a converter-se. (2 Pedro 3,9).

Nenhum de nós é infalível. Devo confessar que estabeleço essas afirmações fundamentado nas Escrituras, porque reconheço que sou um pecador. O pecado me persegue como o faraó perseguiu os israelitas enquanto saíam do Egito (Êxodo 14,9). Minha única esperança se encontra no amor de Deus manifestado em Cristo Jesus, que morreu e ressuscitou para remissão dos nossos pecados. "Ou desprezas a riqueza de sua bondade, paciência e longanimidade, desconhecendo que a benignidade de Deus te convida à conversão?" (Romanos 2,4).

Cristo transmitiu seus ensinamentos de forma oral, não escreveu nada, a não ser no momento em que uma mulher foi surpreendida em adultério: escrevia algo na areia (João 8,3). Jesus não deixou nada escrito, o que d'Ele sabemos são registros de seus discípulos, de suas testemunhas e de pessoas que n'Ele passaram a acreditar.

Cristo transmitia seus ensinamentos por meio de alegorias e analogias, as conhecidas parábolas. A Sagrada Escritura como a conhecemos não existia. Quando Cristo anunciava o Evangelho, já existiam a Lei de Moisés, os escritos dos Profetas e os Salmos (Lucas 24,44), mas a Bíblia Sagrada que temos em mãos foi reunida séculos após a ascensão de Cristo. Após a Reforma passaram a propagar a ideia de que a Bíblia era a única fonte de fé e da palavra do Criador. Sendo assim, não haveria outra forma de o Autor da Existência se manifestar entre os homens. Esse conceito afasta as pessoas comuns do Criador do céu e da terra.

> O que se pode conhecer de Deus é manifesto entre eles. Sua realidade invisível – *seu eterno* poder e sua divindade – tornou-se inteligível, desde a criação do mundo, através das criaturas, de sorte que não têm desculpas. (Romanos 1,19).

O Autor da Existência fala conosco todos os dias, mas o nosso pensamento está obscurecido, por isso não ouvimos o Criador. A Tradição afirma que o apóstolo Paulo foi decapitado, Pedro foi crucificado de cabeça para baixo, Jerusalém foi destruída pelo general Tito nos anos 70 depois de Cristo. Encontramos esses e inúmeros outros eventos nos registros históricos e na tradição verbal. "Tu, pois, meu filho, fortifica-te na graça que está em Cristo Jesus. O que de mim ouviste na presença de muitas testemunhas confia-o a homens fiéis, que sejam idôneos para ensiná-lo a outros" (2 Timóteo 2,1).

A organização das citações é importante para fundamentar uma ideia que existe, mas é ignorada.

> Moisés intercedeu pelo povo e Iahweh respondeu-lhe: "faz uma serpente de bronze e coloca-a em uma haste. Todo aquele que for mordido e a contemplar viverá". Moisés então fez uma serpente de bronze e a colocou em uma haste e se alguém era mordido por uma serpente, contemplava a serpente de bronze e vivia. (Números 21).

O Criador que fez o mundo e tudo que nele existe (Atos 17,24) agiu através de uma serpente de bronze que curava quem a contemplava.

"A ponto de levarem os doentes até para as ruas colocando-os sobre os leitos e em macas, para que, ao passar Pedro, ao menos sua sombra cobrisse algum deles" (Atos 5,15-16). A sombra de Pedro curava os doentes os quais cobria. Para que levar os doentes para serem cobertos pela sombra de Pedro se não fosse para serem curados?

"Pelas mãos de Paulo, Deus operava milagres não comuns. Bastava, por exemplo, que sobre os enfermos se aplicassem lenços e aventais que houvessem tocado seu corpo: afastavam-se deles as doenças, e os espíritos maus saíam" (Atos 19,11-12). As vestes de Paulo afastavam doenças e espíritos malignos.

Esta organização e sistematização daquilo que está presente nas Escrituras é utilizada para destacar que o Criador age conforme a sua vontade, seja mediante uma estátua de bronze, a sombra de um apóstolo, lenços ou aventais dos apóstolos. O importante é a fé que temos no nosso Criador. Em Lucas 18,1-8, Cristo conta uma parábola sobre uma viúva que pedia com insistência para um juiz negligente atender suas demandas. O juiz iníquo, a fim de evitar desconforto, atende as petições da viúva persistente. Cristo explica que, se um juiz injusto é capaz de fazer justiça, imagine o Criador, que é bom e justo.

O Criador do "céu, da terra e do mar e de tudo que nele há" (Salmos 146,6) se manifesta conforme a Sua vontade, e não de acordo com nossas ideias limitadas e conceitos superficiais. Encontramos conforto e esperança na Bíblia, não a condenação dos filhos de Adão. Existe quem use os textos do Apocalipse como forma de causar medo e pânico nos filhos de Eva, mas o último livro da Sagrada Escritura representa a última batalha entre o bem e o mal; você vê o mal sendo derrotado e isso resultando na vitória do bem. Trata-se de um texto sobre esperança na superação dos tormentos, provações e dificuldades para enfim se chegar à Cidade Santa e estar diante do Criador.

É comum ouvir que *só Jesus é santo*, o que é fato. No entanto, as escrituras apresentam diversos textos que descrevem a vontade do Criador de que todos devemos ser santos e que somos predestinados a ser santos.

"Fala a toda comunidade dos israelitas. Tu lhes dirás: Sede santos, porque eu, Iahweh vosso Deus, sou santo" (Levítico 19,2).

"Então o resto de Sião e o remanescente de Jerusalém serão chamados de santos" (Isaías 4,3).

"Nele nos escolheu antes da fundação do mundo para sermos santos" (Efésios 1,4).

"Porque está escrito: Sede santos, por que eu sou santo" (1 Pedro 1,16).

Entende-se que a criação do mundo que habitamos se deu por Sua vontade; quando disse "Haja luz", houve luz (Gênesis 1,3). Da mesma forma, quando diz "Sede santos", somos santos. Não existe argumento contrário à palavra do Criador. O pecado de Adão é que nos afasta da santidade. O fato é que estamos contaminados pelo pecado original e influenciados pela luta para sobreviver neste mundo, o que nos afasta da nossa natureza santificada. Somos almas fragilizadas, porque estamos distantes da nossa fonte, do nosso Criador.

"Taças de ouros cheias de incenso, que são as orações dos santos" (Apocalipse 5,8).

"As orações de todos os santos" (Apocalipse 8,3).

"Deram-lhe permissão para guerrear contra os santos" (Apocalipse 13,7).

"Nisto se firma a perseverança e a fé dos santos" (Apocalipse 13,10).

"Nisto se firma a perseverança dos santos" (Apocalipse 14,12).

"Derramaram o sangue de santos e profetas" (Apocalipse 16,6).

"Vi então uma mulher que estava embriagada com o sangue dos santos" (Apocalipse 17,6).

"E nela foi encontrado sangue de profetas e santos" (Apocalipse 18,24).

"Que o santo continue a santificar-se" (Apocalipse 22,11).

Observamos que o vocábulo *santo* se apresenta no plural, não no singular. Ao afirmar que *só Jesus é santo*, a raça humana é excluída do caminho da santidade, da santificação. Cristo é o modelo e o *caminho* de santidade que todo cristão deve seguir para fazer parte da comunidade de santos da Cidade Santa. Desde o princípio estamos predestinados a ser santos. Na Sagrada Escritura e nos registros históricos, encontramos inúmeros indivíduos que renunciaram a dignidade e a própria vida para viver de acordo com a vontade do Criador. Aos olhos do mundo deram a vida a troco de nada. Aqueles que viveram e morreram apenas para realizar a vontade do Criador; as crianças menores de 2 anos que morreram para que Jesus vivesse (Mateus 2,16); aqueles que foram mortos obrigados a negar a Jesus Cristo e não negaram são reconhecidos como santos.

Nenhum de nós é infalível. O ser humano é falho e contraditório, nasce com defeitos, dúvidas e incertezas. Nossa fé é fraca e volúvel, quando vemos uma tempestade se aproximando, fazemos orações para a chuva passar. Não entendemos que a chuva é um fenômeno natural e passageiro, assim como toda dificuldade. O importante é desenvolver uma fé madura, é ter certeza de que o Criador sempre estará ao nosso lado em qualquer momento, seja ele bom ou ruim. Vemos cristãos aflitos e angustiados, sofrendo com antecedência por algo que não se sabe que vai acontecer, enquanto Jesus Cristo afirmava "não vos inquieteis com o dia de amanhã" (Mateus 6,34). Os cristãos dos últimos séculos não querem sofrer e evitam sofrimento. Como se dizer cristão, seguidor de Jesus Cristo, e evitar o sofrimento? Nenhum discípulo teve uma vida confortável ou uma morte tranquila, os primeiros cristãos foram mortos de maneira bárbara, Jesus Cristo passou por toda espécie de sofrimento.

> Muitos são religiosos por que se sentem culpados com esperança de que através das práticas religiosas poderão ser salvas. Seguem ritos religiosos,

fazem contribuições financeiras, tentam viver uma vida religiosa para não se sentirem mal com relação a si mesmo. (Baker, 2005, p. 49).

Somos imperfeitos dotados de falhas, defeitos e limitações. Nossa natureza ambígua nos faz ter atitudes questionáveis, o segredo é não fazer mal a si mesmo e a quem o cerca. Quando o instinto de sobrevivência emerge, a noção de bem e mal é ignorada.

Os acontecimentos ocorrem devido a uma sequência de eventos que levam algo a acontecer. Se você é capaz de controlar os eventos na sua vida, você controla o seu destino. A casualidade existe e muitas vezes controla a vida das pessoas, mas isso acontece desde que as pessoas permitam. O homem trava uma batalha para controlar o seu destino.

Imagine que um jovem estudante passará por uma avaliação. Esse jovem pode escolher deixar ao acaso o resultado do exame e contar com as experiências adquiridas durante as aulas convencionais, ou dedicar-se a uma intensa preparação, debruçar-se nos livros e no conteúdo programático da avaliação e ficar preparado para qualquer desafio. Em uma dessas escolhas, o jovem estará no controle dos acontecimentos.

Muitas vezes, estudantes se saem bem nas avaliações sem consultar um único livro, mas nem todo mundo pode contar com aptidões fora do comum. Portanto, como a maioria das pessoas, precisamos ter atitudes moderadas, e desenvolver práticas que controlem os acontecimentos da nossa vida; neste caso para sair-se bem e ter bons resultados em qualquer avaliação, devemos perscrutar os livros.

O mundo é produto das ações humanas: se viver nele é um desafio, é porque nós o fizemos assim. Caso esteja em um curso universitário e deseje mudar o curso ou instituição, verá quanto é difícil realizar essa transferência. Criamos um mecanismo de controle chamado burocracia. Caso assuma uma vaga em uma empresa, você conhecerá esse mecanismo; caso seja demitido, irá encontrá-lo novamente. Se decidir abrir a sua empresa, conhecerá outro nível de burocracia, um processo burocrático diferente. Caso necessite de atendimento em um hospital, deverá passar primeiro pelo controle de identificação e registro de entrada antes de receber qualquer tratamento, ou seja, sua vida ou sua saúde não é prioridade.

    O mundo é o resultado das ações do ser humano. O indivíduo da espécie humana é incoerente, ambíguo e limitado, o que produz um mundo imperfeito. Entretanto, as imperfeições do homem lhe permitem evoluir. Tais limitações lhe oferecem condições de se desenvolver e todo desenvolvimento acontece em determinado intervalo de tempo. E tempo não é algo que não temos disponível em grande escala, o período que passamos na Terra é curto. O imediatismo priva o ser humano de desenvolvimento e amadurecimento. O desenvolvimento intelectual é tratado como produto mercadológico, quando as academias formam inúmeros indivíduos apenas para atuarem no mercado de trabalho.

> Ai dos que ao mal chamam bem e ao bem mal, dos que transformam as trevas em luz e a luz em trevas, dos que mudam o amargo em doce e o doce em amargo! Ai dos que são sábios a seus próprios olhos e inteligentes na sua própria opinião! (Isaías 5,20-21).

Figura 5 - Terra vista do espaço

5

OS EFEITOS

É que o ser humano é, senão, reflexo de seus pensamentos. O homem é a representação exata daquilo que acredita. E suas crenças se manifestam na maneira como ele age.

Naturalmente todo homem pensa. Em algum momento devemos nos perguntar se o homem deve ficar satisfeito apenas em pensar. Alguns indivíduos foram além e transformaram seus pensamentos em algo substancial. O momento em que vivemos exige essa mudança de maneira imediata.

Não temos tempo para lamentar. Depois de uma tragédia, o mundo não espera você se reerguer para continuar a girar. É preciso ter uma meta, um objetivo. Você deve ter uma visão. É importante ter uma visão clara de aonde se quer chegar. É fundamental ter um objetivo em curto, médio e longo prazo. Você pode ter um objetivo que muitos tentaram realizar, mas desistiram, outros falharam nele e alguns fracassaram. Entretanto, saberá se é possível realizá-lo apenas se tentar. A dúvida deve persegui-lo até você decidir não a carregar mais. A dúvida e a incerteza podem ser seus maiores adversários. Não podemos ter medo de errar tentando fazer o que é certo.

Fidel Castro não removeu do poder o ditador Fulgêncio Batista na primeira tentativa. Foi preso, exilado no México, perdeu amigos, sofreu privações, precisou se reorganizar, criar novas alianças e elaborar novas estratégias para, enfim, depor o governo corrupto. Sem ignorar que, posteriormente, Fidel Castro também se tornou um tirano.

Como vencer um obstáculo que está dentro de você? Existe um pensamento filosófico atribuído a Sócrates que se tornou muito popular: "Conhece-te a ti mesmo". É preciso mergulhar dentro de si para examinar o que existe dentro, conhecer nossos medos e força; fraquezas e potencial a ser desenvolvido e as emoções que se manifestam em momentos de tensão, dificuldade ou frustração. Alguns profissionais recomendam a prática da meditação para adquirir esse autoconhecimento. Quando se pratica a meditação, o indivíduo promove uma autodescoberta, aprende a silenciar-se para ouvir a si mesmo. No silêncio, você ouve diversas vozes ou podemos dizer que nossa mente é invadida por inúmeros pensamentos. Nietzsche diz que "nosso corpo não é mais que uma coletividade de numerosas almas". O lado racional e emocional se manifesta, o consciente, o inconsciente e o subconsciente interagem, suas experiências do passado, da memória genética atuam até o indivíduo descobrir a si mesmo e definir seu próprio eu. Dos espaços mais reclusos da memória, Vênus pergunta: "mas vós, enfim, quem sois? De que regiões viestes? Para onde vos dirigis?" (Virgílio, 2004, p. 19).

Devemos entender que a maioria da população que vive em grandes centros urbanos em busca de recursos para sobreviver não possui os meios para ir a um retiro espiritual ou frequentar ambientes que lhe permitam meditar e compreender a si. Quando se pratica uma atividade operacional, o pensamento se desenvolve de maneira autônoma ou, como se diz, "voa longe". Quando você está em um ponto de ônibus, pode aproveitar para ler um livro, ouvir uma música ou conversar com alguém. É importante utilizar momentos oportunos para empreender essa autodescoberta. "Só sei uma coisa, e é que nada sei": outra afirmação de Sócrates que vale a pena ser lembrada para quem busca um desenvolvimento intelectual e pessoal. Após questionar a si mesmo, você descobre ter mais sabedoria do que pensava.

Diversas vezes, visitei a biblioteca pública da cidade realizando um estudo sobre formas de governo e teorias organizacionais. Desde que o homem se reuniu para viver em grupo, desenvolveu diversas maneiras de se agrupar e se relacionar como indivíduo, como família, clã, sistema de escravidão, reino, monarquia ou república.

Podemos questionar a sentença estabelecida na Declaração de Independência dos Estados Unidos que diz que *todos os homens nascem iguais* vendo crianças nos semáforos, atuando como vendedoras ou pedindo algum dinheiro e outras vivendo confortavelmente nos seus lares em frente à televisão e jogando videogame. O sistema educacional se diferencia de acordo com a capacidade financeira de cada família. Nascemos iguais, mas com oportunidades diferentes. A igualdade é um sonho a ser realizado; quando é alcançada por meio de muitas lutas e batalhas, o preço a ser pago serão anos de servidão.

Estes e outros princípios são utilizados para promover governos e Estados democráticos que não têm realizado com eficiência os objetivos para os quais foram instituídos. As massas populares sustentam os governos. Os governos e os Estados vendem a ideia de que suas ações são realizadas para atender o interesse público. O governo beneficia apenas quem atua no governo. O povo participa apenas nos momentos de eleição democrática. Após esse momento as instituições se fecham em si mesmas para atender suas demandas. Dinheiro, poder e eleição são os assuntos discutidos pelo governo. As necessidades, a vontade e o interesse do povo não são levados à mesa do Executivo. Prevalecem os interesses econômicos de grupos que tem influência e atuam nos bastidores do governo. O poder público favorece quem tem potencial econômico e financeiro.

Após uma reforma no sistema previdenciário com novas regras para a aposentadoria de trabalhadores, o governo obtém alívio nas contas públicas, enquanto os aposentados sofrem dificuldades com os impactos financeiros e os trabalhadores têm seus sonhos de aposentadoria adiados.

Quando o debate está relacionado à educação, delibera-se sobre a fração do orçamento que será direcionada para essa área, ninguém discute a respeito do desenvolvimento educacional e intelectual que será oferecido para a população. Quando a pauta é a saúde pública, discute-se a movimentação de recursos orçamentários que serão liberados; a saúde e a qualidade de vida do povo não chegam às mesas de debate. Uma grávida deu à luz na calçada após ser mandada de volta para casa pelo hospital. Promover a educação, a saúde e o bem-estar do povo incomodam a classe dominante, a não ser em época de eleição.

Toda ação do governo é realizada em função do retorno eleitoral, nunca em benefício da população: esse é o modo de vida de quem atua no governo, seu meio de sobrevivência.

Os políticos invocam as vontades mais profundas do povo para se elegerem a um cargo público, ou fazem-nos emergir em seus correligionários desejos, como conforto, estabilidade e retorno financeiro, para promover seus projetos. Assim como os escritores lançam suas obras abordando temas relevantes para o público em sua época. É uma questão de sobrevivência. Medo, violência, esperança e religião são alguns temas que os políticos usam para aflorar na população seus desejos e anseios.

Quando o tema é a segurança pública, observamos que a força policial não atua para proteger o cidadão da criminalidade, a polícia defende o interesse e funcionamento das instituições do governo. Um jovem busca atendimento emergencial para seu pai idoso em um pronto-socorro da cidade. Com a demora na prestação de socorro e o idoso agonizando, o rapaz passou a reivindicar celeridade no atendimento. Policiais militares foram mobilizados para conter o rapaz alegando que o jovem estava causando tumulto no hospital público.

Em qualquer cidade, é difícil encontrar um indivíduo que não tenha sofrido ou conheça alguém que não tenha sido vítima de algum tipo de violência urbana. Não existe lugar seguro no mundo. Em qualquer lugar do planeta, não existe um cidadão com garantias de que voltará para casa vivo após um dia de trabalho. A polícia não oferece segurança e o bem-estar da população. Entretanto, a integridade dos membros do governo é certa. Observe a quantidade de policiais que acompanha um prefeito ou um chefe do Executivo. São inúmeros homens fortemente armados para proteger esses políticos. Nenhum criminoso terá coragem de praticar alguma violência contra um indivíduo de alto escalão. Estes sim podem sentir uma agradável sensação de segurança garantida em lei para todo cidadão. Aos indivíduos que sustentam os governos com taxas, impostos e tributos, resta apenas a insegurança, o medo e a incerteza.

A função da força policial é assegurar o funcionamento das instituições públicas. O combate ao crime e à violência é útil ao governo, pois promove a boa imagem de uma cidade ou estado e garante investimento de empresas privadas, ou seja, o objetivo da ação policial não é garantir a segurança da população, mas atender os interesses do governo. Adversários políticos são conduzidos para os cárceres, escritores têm suas prisões decretadas, enquanto traficantes e ladrões desempenham suas atividades criminosas sem nenhuma retaliação.

Vivemos em uma época em que o medo, a insegurança e a paranoia assombram nossa civilização. Inúmeros indivíduos que vivem nas cidades defendem que precisam andar armados para garantir a sua segurança. O governo passa a discutir uma legislação para regularizar o porte de arma de fogo. Empresas fabricantes de armas fazem pressão política para se favorecer nesse setor.

Desde a época de César, os favores políticos eram oferecidos em troca de lealdade. Suborno, extorsão e intimidação eram os meios para manter-se influente no governo. A troca de favores é uma prática comum na vida política. Ninguém atua na política pela importância ou nobreza que o cargo representa ou mesmo para atender as demandas da população. Os políticos atuam pelos benefícios financeiros e vantagens econômicas do cargo público. A classe política dominante oferece e distribui entre si benefícios e vantagens econômicas e financeiras em troca de apoio, enquanto grande parte das pessoas padece sem ter suas necessidades básicas de sobrevivência atendidas. O poder econômico carrega uma força política, que é um benefício de quem tem capacidade financeira.

A democracia é utilizada como ferramenta para demonstrar ao povo benevolência da classe que possui poder econômico, criando a ideia de que a população participa das decisões do governo.

A monarquia czarista foi substituída pelo governo soviético. Um grupo substituiu outro grupo governante. Quando um grupo periférico assume o governo, democraticamente ou não, torna-se a elite. E assim passa a governar para a elite, ou seja, governar para si mesmo e para seus semelhantes. Adquire os hábitos e os vícios da classe dominante. Os únicos beneficiários dos governos são os próprios membros do governo. Se a população adquire algum benefício do governo, é para perpetuar a relação de dependência entre a massa e a elite governamental. Não existe benevolência nessa relação.

Henry David Thoreau finaliza o livro *A desobediência civil* questionando: "Será a democracia, tal como a conhecemos o último desenvolvimento possível em matéria de governo? Não será possível dar um passo mais além no sentido de reconhecimento e da organização dos direitos dos homens?" (Thoreau, 1997, p. 57).

O que entendemos sobre democracia está diluído em termos como *governo do povo, soberania popular, poder que emana do povo, doutrina ou regime político baseado nos princípios da soberania popular e distribuição equitativa de poder.*

O povo é o elemento fundamental para entender a democracia. O povo é o conjunto de indivíduos que falam, em regra, a mesma língua, têm costumes e hábitos idênticos, história e tradições comuns, dividindo o mesmo território geográfico.

Em Atenas, na Grécia Antiga, lugar e época em que o termo *democracia* foi concebido e estabelecido como forma de governo, o povo era constituído de quatro grupos distintos: cidadãos, estrangeiros, mulheres e escravos. Desses grupos, apenas os cidadãos (aristocratas, comerciantes, artesãos, pequenos proprietários) tinham o direito de participar do processo democrático. Ou seja, em um conjunto de quatro elementos, apenas um atuava na democracia.

Considere que nem todo cidadão grego tinha interesse em participar das discussões políticas, e exercia outras atividades, como comércio, navegação, exército, arte etc. Apenas um pequeno número de pessoas comparecia às reuniões na *Eclesia*, ou Assembleia Geral, onde aconteciam os debates e se estabeleciam as políticas do Estado.

Mesmo com as reformas de Sólon e após séculos de aperfeiçoamento, a democracia ainda é praticada de maneira equivalente a essa época. Na atualidade, as práticas dos Estados democráticos traduzem de forma extremamente fiel o que acontecia na Grécia Antiga. Um pequeno número de pessoas decide por milhões de indivíduos. O poder é exercido por esse pequeno grupo de pessoas, e não pelo povo, como é amplamente divulgado.

Hoje, esse grupo investe uma grande soma de recursos financeiros em campanhas eleitorais. Contrata as melhores empresas de publicidade para convencer a população de que, se for eleito, trabalhará em função do interesse público.

Esse mesmo grupo divide-se entre si e disputa o protagonismo das funções do governo, digladia-se pelo orçamento do Estado, mas ainda é o mesmo grupo do qual o povo não faz parte. A maioria da população continua sem a possibilidade de influenciar as decisões políticas. Os grupos políticos estão no mesmo lado do quadrante, e o povo no lado oposto. Qualquer corpo político busca o controle do orçamento público e influência no Judiciário, e quem dá a chave de acesso ao controle é a população. De um lado ou de outro, utilizam-se figuras de linguagem, hipérboles e exageros com a finalidade de obter apoio popular e consequentemente contabilizar votos em época eleitoral.

Vemos um aceno para determinar que a democracia é um governo de poucos para poucos.

Uma revista científica publicou um estudo chamado "Princípios do idealismo". Um modelo organizacional a ser adaptado em organizações públicas e privadas, ou por qualquer indivíduo na sua vida pessoal. Nesse modelo são apresentados três elementos fundamentais para a existência de uma sociedade, um governo, uma organização: o *ideal*, a *realização* e o *compartilhamento*.

Princípios do idealismo:

1. Estabelecimento de meta, objetivo ou ideal;
2. Mobilização para realizar a meta, objetivo ou ideal (pessoas, recursos ou energia);
3. Partilhar ou compartilhar a meta, objetivo ou ideal com aqueles que se mobilizaram para sua realização, principalmente com os menos favorecidos.

O *ideal* é a *meta* e o *objetivo* definido por uma organização pública ou privada, ou pelo próprio indivíduo. Todo indivíduo precisa de um *objetivo*, *meta* ou *ideal* que dê sentido à sua existência. Toda organização precisa de uma *meta*, *objetivo* ou *ideal* que justifique a sua existência, seja a produção de um bem de consumo ou a prestação de serviço.

Cada indivíduo precisa de um *ideal*, um *objetivo*, uma *meta* em curto, médio e longo prazo para dar sentido à sua existência.

Para justificar a existência de uma organização privada, é necessário produção de um bem de consumo ou serviço que o indivíduo não pode produzir isoladamente.

O princípio para a existência das funções de um Estado ou governo é a prestação de um serviço público, em que são alocadas pessoas, estrutura e recursos financeiros originários da arrecadação de impostos do contribuinte.

O *ideal* é que todos os indivíduos, incluindo suas lideranças, tenham o mesmo objetivo, um único interesse, excluindo suas diferenças em função do bem comum.

A *realização* do *ideal*, *meta* e *objetivo* é possível apenas por meio da mobilização de pessoas dispostas e o direcionamento de recursos e energia necessários.

O *compartilhamento* do *ideal*, *meta* e *objetivo* é fundamento que possibilita a sua *realização* e o estabelecimento de um novo *ideal*, *meta* e *objetivo*. É o princípio que vincula o *ideal* a sua *realização*. Mobiliza pessoas para novas metas e objetivos. Condicionam agentes financeiros a direcionar capital para novos investimentos.

Podemos observar a constante presença dos fundamentos dos *Princípios do Idealismo* (*ideal, meta ou objetivo*, a *realização* do ideal e *compartimento* do ideal) em alguns momentos históricos.

Na Antiguidade, o rapto de Helena mobilizou todas as cidades gregas para se unirem e combater os troianos na famosa Guerra de Troia. Agamenon, rei de Micenas, aproveitou a oportunidade para conquistar a cidade e dominar o comércio marítimo daquela região. Troia era um importante entreposto comercial que dava acesso ao Mar Negro. Seja qual for a justificativa, os gregos se reuniram em função de um *ideal, meta ou objetivo* para sua *realização*, e o resultado foi *compartilhado* por toda Grécia.

Removendo o aspecto sobrenatural e extraterrestre que existe em relação à construção das pirâmides do Egito, observamos o *ideal*, a *meta* e o *objetivo* mobilizando milhões de pessoas para a *realização* de um objetivo comum, os egípcios construíram as pirâmides agindo em nome do deus vivo que o faraó representava e cooperaram entre si por várias décadas trabalhando anos sem fim. Milhares de escribas letrados, burocratas e dezenas de milhares de trabalhadores se mobilizaram para realização de um ideal, uma meta, um objetivo que era a construção das pirâmides e hoje o resultado é *compartilhado* por toda humanidade.

O cristianismo se expandiu no mundo ocidental afirmando que o seu *ideal, meta* ou *objetivo* é *compartilhado* por todos. Ao longo dos séculos milhões de pessoas se tornaram seguidores da mensagem de Jesus Cristo tendo em vista que o Reino dos Céus, a salvação, a eternidade, é comum a todos. Seus seguidores se mobilizaram e ainda se mobilizam para sua *realização*, seja na Terra, seja no Céu.

Com a *mobilização* por um *ideal, meta* e *objetivo*, um país sul-americano promoveu um programa de erradicação da fome e da pobreza. Todos os setores da sociedade se mobilizaram para que o maior número de pessoas fosse contemplado pelas ações do programa. O trabalho de grande parte dos segmentos da sociedade trouxe resultados que ainda hoje são usados como referência.

Em um cenário onde o individualismo e o isolamento são promovidos em escala global, o estudo denominado "Princípios do idealismo" demonstra que a mobilização coletiva por um *ideal, meta* ou *objetivo* comum beneficia e favorece a coletividade e produz resultados permanentes para a humanidade.

Juan Domingo Perón acreditava que vários grupos e classes trabalhando juntos eram a chave para a justiça. Defendia o conceito militar de que as ordens do comando devem ser seguidas exatamente como são dadas, a fim de preservar a unidade. Num grupo formado por vários indivíduos ou vários subgrupos, certamente não haverá homogeneidade, mas é evidente que é preciso haver uma direção, um *objetivo* em comum que crie laços, um *ideal*.

A mão possui cinco dedos, cada um com uma característica individual: polegar, indicador, médio, anelar e mínimo (mindinho). Observe que, mesmo que cada dedo seja diferente, a coordenação motora faz com que todos realizem a função de que o corpo precisa. O desafio é direcionar os indivíduos com suas capacidades e personalidades distintas em função de um *ideal, meta* ou *objetivo*. Caminhar juntos na busca de um mesmo objetivo. Todos somos diferentes. Jesus Cristo escolheu 12 apóstolos (Mateus 10,1-4), cada um com uma personalidade singular, e ainda houve um que o traiu. É ilógico desejar que vários indivíduos com características distintas tenham as mesmas atitudes e pensem da mesma maneira. É fundamental haver direção e coordenação.

É preciso ter uma *meta*, um *objetivo* e um *ideal* que promovam parcerias para sua *realização*, os resultados devem ser *compartilhados* com todos que contribuíram para tornar possível a realização do *objetivo, meta e ideal*, principalmente com os mais desfavorecidos. Chegará um momento em que teremos capacidade intelectual para entender que dividir é somar.

O sistema educacional forma indivíduos para atuarem no mercado aplicando os seus conhecimentos e habilidades no comércio, na indústria, em bancos, ou trabalhando para o governo, e muitos acadêmicos não conseguem enxergar e ir além dessas fronteiras. Naturalmente, muitos ingressam na academia para adquirir um conhecimento que lhes garanta um meio de sobrevivência. A academia transforma o indivíduo em mão de obra para atender as necessidades do mercado. O interesse pelo conhecimento perde a importância, quando é mais atraente e rentável fazer o indivíduo produzir mais economicamente.

Nas universidades o estudo científico tem um formato padronizado. Os professores apresentam aos acadêmicos uma estrutura predefinida para realização de um trabalho científico. Os alunos precisam adaptar-se à metodologia científica adotada nas universidades ou não estarão aptos a concluir determinado curso. A academia atua para aplicar um conteúdo programático, o desenvolvimento intelectual não é o objetivo principal.

Dessa forma, a evolução da ciência está limitada a um modelo preexistente. Os alunos aplicam os mesmos métodos de pesquisa já utilizados repetidas vezes. É evidente por si mesmo que não existe um modelo padrão para desenvolver um pensamento. É preciso observar que não é assim que a mente humana funciona. O pensamento é livre.

Para o sistema educacional, não interessa a história de vida de cada pesquisador. Ignora suas experiências pessoais, suas emoções e frustrações e quanto isso tem influência sobre o resultado da pesquisa.

Os estudantes são avaliados por uma média aritmética sem ter a oportunidade de questionar a respeito desse método. Consideram possível mensurar o desenvolvimento intelectual dos indivíduos por meio de números.

As avaliações das instituições de ensino apresentam uma estatística de assimilação de uma disciplina que o aluno desenvolveu durante a aprendizagem. Os números não mostrarão se o aluno com as melhores notas teve um amadurecimento pessoal ou se terá o mesmo desempenho em outras áreas de sua vida, não é esta a finalidade. Os dados estatísticos criam uma nuvem de incerteza e um universo de possibilidades na vida do ser humano.

Um acadêmico do curso de economia de uma conceituada universidade estudava as ideias de Keynes, que defendia a intervenção do governo na economia a fim de enfrentar ou evitar crises e diminuir o alto índice de desemprego. O jovem observou que uma mulher responsável por recolher o lixo da sala e dos corredores da universidade estava sempre acompanhada por uma criança de aproximadamente 10 anos, julgou que seria uma mãe solteira que não tinha com quem deixar a filha e a levava para o expediente de trabalho. Quando sua mãe recolhia o lixo, a criança estendia seus pequenos braços, entregando-lhe um saco de lixo novo para repor na lixeira.

A partir dessa observação decidiu escrever um artigo com o título "A mão do Estado". Nesse trabalho procurou destacar o nível de abrangência das medidas econômicas e sociais promovidas pelo governo. Comparou as ações do governo com uma porção de areia que tentamos segurar com a mão, a fração maior da areia escapa entre os dedos. A mão do Estado não alcança grande parte da população. A porção de areia que conseguimos reter nas mãos representa a parte da sociedade que as ações do governo conseguem atingir, empresários, banqueiros, políticos etc. A maior medida da areia que escapa entre os dedos é o restante da população, que supostamente seria o alvo das medidas governamentais, mas estas, quando chegam até o povo, são insuficientes e ineficientes.

O aluno expôs esse trabalho aos professores, mas alegaram que esse não era um momento para publicação de um artigo, pois o jovem ainda estava na graduação. O jovem, que via dificuldades em ir à faculdade depois de uma jornada de oito horas de trabalho, estudar e fazer suas pesquisas, arquivou o projeto. Muitos alunos elaboram trabalhos acadêmicos que são ignorados pelos professores. Então, as academias estão distantes da evolução do pensamento e da ciência.

Albert Einstein escreveu o artigo que apresentou a Teoria da Relatividade em 1905, foi convidado a ocupar um cargo na Universidade de Zurique em 1909. Recebeu o Prêmio Nobel em 1921 por um trabalho com padrão inferior ao artigo de 1905.

Você pode produzir conhecimento, mas, se não for fundamentado por um título acadêmico, o conhecimento produzido será ignorado. Hoje, temos nas bibliotecas das universidades um arquivo infinito de trabalhos científicos e teses de mestrado e doutorado.

As universidades, o governo e empresas privadas enfrentam seus próprios desafios e usam os indivíduos como recursos para realizar seus objetivos. Não tem importância o que acontece com a vida do cidadão em qualquer cidade ou em qualquer região de um país.

Quando deixei a sala onde estava sendo interrogado, fui encaminhado para a cela com outros prisioneiros. Os policiais usaram grande força ao me atirarem dentro da cadeia, de forma que perdi o equilíbrio caindo em uma poça d'água. Devido ao odor do líquido, percebi que não era água, mas urina. Havia outros presos trocando olhares de desconfiança e hostilidade naquele espaço limitado por concreto e grades de ferro. Jogaram outro prisioneiro na cela da mesma maneira que fui arremessado. O clima estava ficando tenso.

Inesperadamente, o policial Ronilson Santiago, que arremessou o último prisioneiro, voltou, abriu a cela novamente e falou comigo aos gritos:

— O que você está fazendo aqui? Você não deveria estar aqui.

Não houve tempo para responder, estava assustado, mas procurava demonstrar calma com dificuldade. O policial militar parecia me conhecer havia muito tempo e realmente parecia familiar, devo ter lhe servido alguma bebida no estabelecimento onde trabalhava. Fui arrastado para uma sala onde o policial fardado Ronilson Santiago começou a fazer perguntas:

— O que aconteceu para você vir parar aqui?

Contei o que havia acontecido. Balançando-se para frente e para trás na cadeira, Ronilson disse, de repente:

— Pode ir embora, pode ir embora logo. Você não deveria estar aqui.

Ainda existe bondade no ser humano, em alguns casos é evidente, em outros precisa ser desenvolvida, não é manifesta.

Senti um alívio momentâneo, mas não sabia o que fazer. Saí andando naturalmente, comecei a apressar o passo e depois correr. Não sabemos o que fazer com a liberdade. Precisamos saber o que fazer com a liberdade. Parecia que eu acabara de ganhar um brinquedo, porém não sabia como manuseá-lo. Pensei em voltar para casa, contudo não teria nenhuma vantagem, seria o primeiro lugar a que iriam em minha procura. Não desejava que minha família passasse por mais constrangimentos. Corri entre as pessoas pela cidade, não sabia aonde ir. Um sentimento de euforia e incerteza. Perdi a noção de tempo para dizer o período que fiquei correndo até chegar ao terminal ferroviário da cidade. A liberdade é uma promessa a ser cumprida.

Representa um desafio estimulante encontrar um país que não tenha em seu passado histórico a prática da escravidão no desenvolvimento de sua economia ou que atualmente não explore os indivíduos fazendo-os trabalhar de oito a dez horas por dia, por meio de uma legislação trabalhista, para garantir os meios de sobrevivência. Depois dessas horas, mantém-nos presos por tempo indeterminado no trânsito engarrafado. Devem permanecer por aproximadamente duas horas no seu carro ou em um transporte público coletivo, escravidão revestida por uma falsa liberdade.

Depois, descobri que Ronilson recebeu uma advertência por ter me deixado partir e foi estabelecido que ele deveria se responsabilizar por levar-me de volta à delegacia. O filho de um juiz foi morto e a polícia deveria responder de forma apropriada.

Nelson Romine estava saindo de um bar chamado Zona Neutra com um cigarro na mão quando foi abordado por uns amigos do tribunal de justiça. Explicaram a ele que Selma Cavalcante procurava contratar um detetive particular para levantar evidências que condenassem o jovem envolvido na morte de seu filho Cláudio. Nelson Romine frequentava os corredores do tribunal de justiça desde o tempo em que era um estagiário do curso de Direito. Durante o julgamento conduzia as testemunhas, tanto de acusação quanto de defesa, ouvia depoimentos, coletava documentos e catalogava o que deveria ser útil nos processos. Tornou-se muito eficiente nesse trabalho, de forma que todos no tribunal o procuravam para realizar esse serviço. Não concluiu o curso de Direito quando terminou o seu estágio. Ganhava uma grande soma em dinheiro nessas atividades, que passou a considerar confortável a vida de detetive freelance, detetive particular. Promotores e advogados o contratavam para essas tarefas e pagavam bem pelos seus serviços.

Nelson Romine ouviu com atenção o que seus amigos diziam. A calma e a paciência são fundamentais para executar determinadas funções. O detetive freelance aceitou aquele trabalho.

Os cartazes no terminal ferroviário lembravam o que eu já sabia. Na capital haveria um grande evento empresarial onde seriam apresentadas as grandes inovações de vários setores da economia. Novas tendências da moda iriam ser divulgadas para imprensa e para o público na Convenção de Estilistas que estava prevista na programação do evento. Simone Linhares estaria nesse desfile e o grupo de rock Ligação Totalitária se apresentaria no evento antes da atração internacional, a banda de heavy metal Black Skull. Com o futuro incerto e sem perspectiva, ir àquele evento seria a maior das minhas realizações, um devaneio da juventude, talvez.

A empresa de publicidade que contratou Simone estava realizando uma campanha que mostraria as belezas naturais do país. Na cidade onde ocorreria a Convenção dos Estilistas, havia praias que eram os principais pontos turísticos daquela região e estavam no itinerário da campanha.

Julgamo-nos dotados de inteligência, mas, em momentos difíceis, agimos de forma ilógica e irracional. Como alguém que se considera lúcido e esclarecido pode ter objetivos tão superficiais? Como alguém com uma visão precisa do mundo poderia ter uma meta fútil? Na situação em que me encontrava, minhas opções estavam limitadas. Estava decidido. Antes de cumprir a sentença estabelecida pela justiça, iria ao desfile de Simone Linhares. Compartilho nas próximas páginas os eventos que vivenciei.

A vida não é linear, mas uma sequência de eventos que sofrem variações. Somos todos ambíguos e contraditórios. Pensamos de uma forma e agimos de outra. Somos dotados de falhas, dúvidas e limitações. Nossa natureza ambígua nos faz ter atitudes moralmente questionáveis. Abraham Lincoln, símbolo máximo do espírito democrático americano, fiel à lei, à liberdade e aos ideais da democracia, suspendeu direitos constitucionais durante a Guerra Civil americana. Uma medida típica de governos autoritários, mas que naquele momento tornou-se necessária.

Aprendemos que a ideia de *propriedade*, o sentimento de posse, representa a causa de todas as misérias humanas, mas podemos concordar que a dualidade que existe em cada ser humano, a ambiguidade que o faz tomar decisões de forma racional ou emocional, que o faz agir por questões financeiras ou por princípios morais, é a origem dos males presentes na história humana.

Todos os dias nossos valores são testados, nossas crenças são colocadas à prova. Você não tem apenas a obrigação de ser honesto, é preciso provar todos os dias a sua honestidade. Sobretudo, ainda temos muitas dúvidas, nossa fé é colocada à prova o tempo todo e muitas vezes se revela fraca e frágil.

É importante cumprir as promessas que fazemos, mesmo que essas promessas sejam feitas para nós mesmos. Seria melhor demonstrar maturidade, eu deveria ser mais racional e decidir fugir para uma cidade distante e viver no anonimato. Poderia recrutar pessoas que conheciam meu modo de vida e as que estavam presentes no momento do acidente para testemunharem em minha defesa. Talvez viajar pelo mundo em busca de um tesouro ou riqueza instantânea, para o garimpo talvez, e assim voltar para limpar meu nome e dar a volta por cima.

A lógica e a racionalidade não fazem parte dos sonhos da juventude. Cada vez que um jovem confidencia seus planos para alguém com mais experiência, sofre censura ou é orientado a desenvolver novos objetivos. Ao mesmo tempo ouvimos pelos quatro cantos do mundo que devemos seguir os nossos sonhos. Juventude não representa inconsequência. Todo dia nossas crenças e os nossos valores são testados, nossa fé é colocada à prova repetidamente e muitas vezes se revela fraca e frágil.

Meu objetivo estava traçado, não posso dizer que estava no controle dos eventos que se sucederiam. Pode ser, ainda, que eu estivesse seguindo um padrão comportamental predefinido, presumindo que as escolhas e as decisões eram minhas. Promoveram a ideia de viver o hoje sem pensar no amanhã, uma geração com uma visão limitada e superficial, sem horizonte e vontade de ir além. Uma geração inteira com valores corrompidos representa o fim da civilização como a conhecemos.

Nossos desejos e impulsos nos afastam daquilo que é realmente importante e de valor. Os vícios afastam as virtudes dos homens. O que há de brilhante no ser humano é consumido pelos vícios. Qualquer hábito que comprometa o funcionamento normal do cérebro é nocivo ao desenvolvimento da espécie humana. O imediatismo assola a humanidade e compromete o desenvolvimento e amadurecimento do gênero humano.

Somos condicionados a ter planos superficiais, materialistas e temporais, ter uma vida saudável, oferecer uma infância saudável às crianças, dar-lhes uma boa formação escolar para assim obter os melhores empregos e garantir uma boa aposentadoria por meio do plano de seguridade social que o governo oferece. Esse roteiro se repete por inúmeras gerações. Se o indivíduo não faz o que está determinado por várias gerações, não consegue sobreviver, não será possível ter acesso aos gêneros alimentícios. De modo geral, devemos fazer o que é preciso fazer, e não o que queremos ou gostamos.

Pesquisadores do comportamento humano defendem que em cada indivíduo, na verdade, existem dois indivíduos, o racional e o emocional, e ambos influenciam as tomadas de decisões. Santo Agostinho de Hipona chama-o de *duas vontades*, a seguir afirma: "não seriam duas, mas muitas". O Apóstolo Paulo na Carta aos Gálatas (5,17) destaca que "a carne milita contra o Espírito". Destaco que, além do racional e emocional, temos o consciente, o inconsciente e o subconsciente, que também atuam nas nossas escolhas. Além disso, trazemos a memória genética dos nossos ancestrais; sem perceber, reproduzimos muito do comportamento dos nossos pais, e colecionamos inúmeras experiências durante a nossa existência. Dessa forma, todos esses elementos atuam na nossa personalidade, nas nossas ações e decisões.

Eu estava em uma situação desfavorável, mas ainda estava apaixonado pela vida. Acreditava que os meios para atingir minhas metas surgiriam naturalmente. Eu precisava ir à Convenção de Estilistas, e o resultado estou a compartilhar.

Minhas metas e objetivos estavam definidos. Não posso dizer que estava no controle dos eventos que se desenrolavam ou estava apenas seguindo um padrão comportamental preexistente presumindo que as escolhas e as decisões eram minhas. Alguém já tomou atitudes semelhantes em algum lugar ou em alguma época. Não existe nada de novo no mundo, tudo que existe ao nosso redor é uma cópia de algo que já foi copiado.

Em certo momento, nos textos do Evangelho de Mateus (5,37), Jesus Cristo disse que "seu sim, seja sim, que seu não, seja não": essas palavras precisam ser lembradas em momentos de demonstrar integridade e firmeza de caráter.

Estamos condicionados a ter um pensamento superficial, limitado e equivocado sobre inúmeros conceitos que se apresentam no decorrer da nossa existência e acreditamos que nossas crenças são verdades absolutas. Somos programados a enxergar sob os limites do certo e errado, verdadeiro e falso, direita e esquerda, A e B, X e Y, belo e feio, justo e injusto, pequeno e grande, leve e pesado, bem e mal. É possível observar indivíduos repetindo os mesmos comentários e as mesmas ideias com o mesmo vocabulário. Entretanto, existem mais alternativas que as que estamos habituados a enxergar. Estamos limitados pelos sentidos físicos. Observamos o Sol amarelo quando na verdade vemos a dispersão dos raios solares ao adentrarem a atmosfera do planeta. O Sol é branco devido ao processo de fissão nuclear, como todas as outras estrelas. Nossos olhos nos enganam. Precisamos enxergar além dos sentidos físicos. "Ignorando a verdade, os homens formam ideias erradas sobre muitíssimas coisas" (Platão, 2017, p. 323).

Durante o fim de semana, um jovem foi com a família visitar os avós. Todos estavam presentes: tios, netos e sobrinhos. O avô estava na feira em seu ponto de venda de peixes e geralmente quando voltava costumava consumir alguma bebida alcoólica, o que o tornava violento. Quando chegou a casa e viu aquelas pessoas em seu dia de descanso, expulsou a todos ameaçando-os com uma faca, ainda que fossem seus parentes. Esse fato ficou registrado na memória do jovem. Um dia lhe disseram que seu avô não o havia ensinado nada. O jovem devolveu: ensinou sim, meu avô ensinou-me como não devemos ser. Sempre haverá mais alternativas que aquelas que conseguimos enxergar.

Diante de alguma dificuldade, Jesus Cristo demonstrou que devemos olhar para dentro de si mesmo para encontrar as respostas que normalmente não enxergamos.

Em João, capítulo 8, os escribas e fariseus trouxeram uma mulher surpreendida em adultério.

> Disseram a Jesus: Mestre, esta mulher foi apanhada em flagrante adultério, na Lei, nos mandou Moisés, que tais mulheres sejam apedrejadas; tu, pois o que dizes? Como se insistissem na pergunta, Jesus se levantou e lhes disse: Aquele que dentre *vós estiver sem pecado* seja o primeiro que lhe atire pedra.

No Evangelho de Lucas, alguns escribas interrogaram Jesus perguntando se era lícito pagar tributo a César ou não: "Cristo então respondeu: Entregai a César o que é de César, e o que é de Deus, a Deus".

No capítulo 9 de João, diante de um cego de nascença, seus discípulos perguntaram: "Mestre, quem pecou este ou seus pais, para que nascesse cego? Jesus respondeu: nem ele pecou, nem seus pais, mas foi para que se manifestem nele as obras de Deus".

Observamos que os escribas e fariseus sempre apresentavam opções limitadas a Jesus, mas em suas respostas Cristo mostrava que sempre temos uma alternativa a mais diante de qualquer desafio.

Figura 6 - Planeta Terra visto do espaço

6

O ACASO

Walter Sena chegou à cidade para trabalhar como fiscal de obras durante a construção de um condomínio residencial. No momento de iniciar os trabalhos, a obra foi embargada por questões ambientais, mas a construtora iria recorrer na justiça. Enquanto isso, Walter estava sem ocupação e suas economias estavam no limite. Com a esposa grávida, vendeu seu carro para não passar por dificuldades. O veículo era uma relíquia da família, um clássico, por isso conseguiu um bom dinheiro.

Prevendo que aqueles valores em breve iriam evaporar, abasteceu as dispensas com gêneros alimentícios e comprou dois carros populares. Conseguiu revendê-los e adquiriu capital para comprar mais veículos a fim de comercializá-los. Não foi fácil, e também não foi rápido. Foram décadas de trabalho até conseguir criar uma rede de lojas de automóveis. Conseguiu adquirir o carro da família de volta, por um valor considerável, mas agora ele tinha recursos.

Quando seu filho nasceu, sua esposa veio a falecer por complicações no parto. Procurou ser um bom pai, ofereceu uma boa educação ao filho, foi seu amigo. O filho retribuiu, formou-se em Direito. No fim de semana, enquanto comemorava a graduação, foi atropelado por uma lancha quando passeava de jet ski.

No Hotel Imperial, onde teria lugar a Convenção de Estilistas, também haveria a apresentação dos novos modelos de veículos para aquele ano. Naquela manhã, Walter Sena estava na estação ferroviária aguardando o trem que o levaria para a cidade.

O amanhecer é um momento extraordinário. O sol nasce no leste manifestando sua majestade e esplendor, irradiando sua luz sobre o oriente da cidade, adentrando as folhas das árvores das praças, aquecendo o orvalho frio, iluminando os prédios, indicando que é o momento de recomeçar. Cada dia é um recomeço. O início de um novo dia representa uma chance de viver novas experiências, de se renovar e abraçar novas oportunidades. As possibilidades se revelarão de maneira sutil e precisamos estar preparados e dispostos a acolhê-las.

Naquele instante, Nelson Romine conversava com minha mãe sobre o que havia acontecido e pedia permissão para averiguar meu quarto. Encontrou cadernos e livros, alguns CDs de rock piratas, observou os pôsteres de bandas de rock e as reportagens sobre Simone Linhares.

Na estação de trem, eu não estava numa situação agradável, perseguido pela justiça e tentando viajar clandestinamente, mas o que incomodava era o fato de não ter tomado um banho ao amanhecer. Observava todos os movimentos procurando ver se alguém estava a minha procura. Estava sem recursos para viajar e precisava fazer algo para entrar no trem. O direito de ir e vir é limitado se o indivíduo não tem recursos para se deslocar de um lugar até o seu destino. O direito de ir e vir foi concedido ao controle de empresas de iniciativa privada. Para ter acesso a esse direito, o indivíduo deve pagar. Como o lucro é o objetivo principal de toda iniciativa privada, o custo será alto. É o exercício de poder que grandes empresas privadas representam na sociedade.

Na plataforma de desembarque, uma mulher com seu filho aguarda a chegada do pai. Quando o homem desce da locomotiva, após uma longa e exaustiva viagem, a criança corre para seus braços. É possível ver a expressão de felicidade no rosto da criança. Não existe momento que pode representar a mais pura felicidade que o encontro de um pai com o filho, que culmina em um forte abraço. Uma sensação de alegria, conforto e tranquilidade que ficará marcado na vida de ambos. Esta seria uma definição para felicidade, uma sensação momentânea de bem-estar, de que você se lembrará por muito tempo.

Observei que, quando os passageiros entravam no trem, o despachante coletava as passagens, conferia o bilhete, rasgava o canhoto e o entregava ao passageiro. No momento em que o trem estava saindo da plataforma de embarque e desembarque, quando o fluxo de passageiros era alto, não era possível conferir as passagens com rapidez. O homem apenas rasgava o bilhete e entregava ao passageiro sem conferir. Havia muitos canhotos de passagens espalhados pelo chão. A ideia era pegar um canhoto no chão, aproveitar o fluxo intenso de passageiros e entregá-lo, se ele iria conferir ou não, seria questão de sorte.

De repente, Walter Sena colocou a mão em meu ombro e disse:

— Você está procurando alguém?

Enquanto eu pensava na resposta, ele continuou.

— Eu conheço você.

Previsivelmente, não viajaria de um lugar para outro sem o risco de ser reconhecido. A notícia da morte do filho de um juiz foi divulgada por todos os meios de comunicação da época.

— Você atendia os clientes no restaurante no centro, não é?

— Tem razão, atendia tantas pessoas no Palacete que é difícil me lembrar de todos os clientes com que entrei em contato.

Numa situação desconfortável, ficamos sem saber como reagir em um acontecimento inesperado.

— Estou com alguns problemas — respondi.

— Você quer viajar, mas não tem as passagens. Não se preocupe, eu providencio, já passei por dificuldades e alguém me ajudou sem pedir nada em troca, e isso é algo raro de acontecer; além disso, você me faz lembrar meu filho.

Quando alguém nos oferece ajuda e aceitamos, ficamos reféns de quem nos ajudou. A ajuda que nos foi concedida é utilizada como barganha para nos impor algo.

Destaco que em cada situação existe um fator determinante. Ninguém faz nada sozinho. Há sempre alguém ou um grupo de pessoas que nos auxiliam direta ou indiretamente para a realização dos nossos objetivos. Precisamos encontrar as pessoas adequadas para dividir nossas crenças e valores.

O sucesso depende das pessoas com quem você se relaciona. De acordo com o livro do Êxodo (2,23), na Bíblia, os israelitas, gemendo sob o peso da escravidão, gritaram; e do fundo da servidão o seu clamor subiu até Deus. E Deus ouviu os seus gemidos. O texto continua descrevendo que o Criador conduziu um homem chamado Moisés até o governante que oprimia o povo na época para intermediar a libertação dos israelitas. O Autor da Existência poderia resolver instantaneamente a situação, assim como resolver qualquer problema do mundo. Mas, ao que parece, ou esses textos indicam, o Criador prefere contar conosco para ajudar-nos mutualmente. É preciso confiar uns nos outros e permitir que os outros confiem em nós, mesmo em um ambiente onde a desconfiança encontra terreno fértil.

Em Jeremias, capítulo 17, versículo 5, vemos o seguinte texto: "Maldito o homem que confia no homem, que faz da carne sua força, mas afasta seu coração de Iahweh". A confiança é resultado de amadurecimento na relação entre as pessoas, não um desrespeito ao Autor da Existência. Se temos fé no Todo Poderoso e na sua intervenção, não nos afastamos do coração de Iahweh, assim a confiança é um sinal de que somos filhos do mesmo Criador, por isso somos todos irmãos, somos uma única família. A confiança é um sinal de um vínculo familiar.

Perdoe-me por utilizar a Sagrada Escritura como referência constantemente. Mas toda a cultura ocidental foi influenciada pela Bíblia, desde a literatura, o estilo de vida até as leis.

Walter Sena estava viajando no mesmo trem que eu, a caminho do Hotel Imperial.

As pessoas virtuosas estão cada vez mais raras, quando as encontramos associamos o achado a alguma aparição divina, um anjo. Quando as perdemos, lamentamos pesarosamente, mas elas estão por aí anônimas, fazendo o bem, agindo com generosidade, praticando a caridade a quem precisa.

Em algumas ficções, seres extraterrestres estão entre os seres humanos para ajudar a humanidade a evoluir.

As aparições de seres extraterrestres podem ter uma explicação exótica com base na Teoria da Evolução de Charles Darwin.

A figura mais famosa dos seres que julgamos extraterrestres ilustra um humanoide com o corpo pequeno e a cabeça com um tamanho bem maior que as medidas a que estamos acostumados. Olhos grandes, boca pequena e o nariz são dois pequenos orifícios.

O cérebro dos primeiros indivíduos da espécie humana media aproximadamente 600 centímetros cúbicos. O homem moderno tem um cérebro com mais ou menos 1.200 e 1.400 centímetros cúbicos. Se consideramos que não chegamos ao limite de nossa evolução, podemos afirmar que o cérebro humano continua a crescer e daqui a muitos anos precisaremos de uma caixa craniana maior, uma cabeça maior.

Sobre os olhos, existem algumas afirmações populares, como "os olhos falam muito de uma pessoa", "as pessoas se comunicam com o olhar", chegando ao limite do exagero ao dizer que "os olhos são a janela da alma". Seguindo a lógica da evolução, haverá um momento em que nos comunicaremos apenas com o olhar? Para tanto, precisaremos de olhos maiores. Esse órgão se desenvolverá para atender essa necessidade? Podemos deduzir que uma comunicação apenas com o olhar é o mesmo que dizer uma comunicação mediante pensamentos, para não usar o termo *telepatia*.

A boca é um órgão essencial para comunicação; sem ser utilizada, poderia se atrofiar. Por isso, as bocas são pequenas nessas aparições. A evolução mostra que órgãos que não são utilizados têm a tendência a se atrofiar. O apêndice, por exemplo, supõe-se que foi um órgão importante ao sistema digestivo. Hoje, serve apenas para uma cirurgia de remoção, caso haja infecção, que cedo ou tarde vamos fazer. O famoso dedo mindinho dos pés não é mais fundamental para o equilíbrio, servindo apenas para fins estéticos — ao sexo feminino, é claro! Se o indivíduo pudesse se comunicar com o pensamento, pouco utilizaria a boca para falar, por isso diminuiria de tamanho.

O corpo pequeno mostra um grande consumo de energia cerebral. Sabemos que o cérebro humano consome grande quantidade de energia bioquímica, logo um cérebro maior iria consumir uma quantidade de energia proporcionalmente maior, motivo de o corpo do humanoide ser pequeno. Mesmo que seja uma hipótese, as civilizações extraterrestres apresentam uma tecnologia superior aos avanços tecnológicos que conhecemos.

O primeiro livro de Samuel, capítulo 13, versículo 19, afirma que "não havia mais ferreiro em parte alguma da terra de Israel". Essa arte era reservada a outros povos, o que representava uma diferença de superioridade bélica e tecnológica. Para os povos da Antiguidade, tecnologia superior representava a dominação de povos desprovidos de avanços tecnológicos. O Império Babilônico da Mesopotâmia foi conquistado pelos persas. A expansão do domínio persa foi parada pelos gregos. Os povos do rio Nilo, os egípcios, foram dominados pelos gregos, depois pelos romanos. Os hebreus foram conquistados pelos assírios, egípcios, babilônios e derrotados pelos romanos. As cidades gregas e toda região da Grécia foram conquistadas por Filipe

II, da Macedônia. Os fenícios foram submetidos por Alexandre Magno, da Macedônia. Roma conquistou o domínio de todo mar Mediterrâneo. O Império Romano entrou em crise, o que favoreceu sua invasão por diversos povos de origem germânica, que os romanos chamavam de bárbaros. Povos com tecnologia superior e estratégia mais desenvolvida dominam civilizações pouco avançadas.

As ocorrências de 1970 em diante, período em que houve imensa multiplicação dos registros de aparições extraterrestres, mostram que suas naves já se encontravam dentro do nosso espaço aéreo quando foram avistadas. Observamos que os radares que temos disponíveis não são capazes de reconhecer com antecedência esses objetos não identificados. Há quem acredite que os seres extraterrestres vivem em um universo paralelo e possuem tecnologia para atravessar as barreiras entre dois universos. Por isso, quando são observados já estão na nossa atmosfera. Essas supostas civilizações extraterrestres apresentam tecnologia mais avançada que as grandes potências mundiais. Esses seres podem representar o próximo estágio evolucionário e de dominação mundial, mesmo que seja apenas uma teoria ou uma ficção.

Pesquisadores observaram que partículas subatômicas mostram um padrão oposto às leis da física que conhecemos e sugerem a existência de universo paralelo. Uma teoria sugere que o Big Bang pode ter gerado dois universos, o universo que conhecemos e outro que ainda não conhecemos, um positivo e outro negativo. Se existe um universo paralelo, certamente o nosso é o negativo, devido à indiferença com a vida humana pelos próprios humanos e degradação do mundo onde vivemos para adquirir riquezas econômicas.

De repente, observo que alguém monitora a movimentação desde a estação, discretamente da mesma forma que eu. Por um instante, imaginei que fosse minha imaginação, porque estava preocupado, quase paranoico. É importante desenvolver autodomínio. A habilidade de identificar, entender e controlar as emoções é fundamental em situações difíceis. É preciso estar preparado para o que está por vir, seja o que for. A ajuda de Walter Sena me tranquilizou, mas os temores voltaram quando notei que o mesmo indivíduo da estação embarcou no trem. Era Nelson Romine.

O trem em que viajei era composto por diversos vagões com funções e características distintas. Além de vagões de carga, havia vagões com cabines para viagens a longa distância, vagões com poltronas individuais, onde eu estava instalado, e contemplava, também, um vagão-restaurante.

O detetive particular olhou na minha direção e começou a caminhar pelo corredor no sentido onde eu me encontrava. Mil pensamentos passaram na minha mente. Tenho dificuldade em manter a calma em situações difíceis e desfavoráveis. Fiquei paralisado, dominado pelo desespero, senti um frio no corpo e parecia que algo ruim estava iminente. Nesse estado de medo e paranoia, comecei a caminhar apressadamente ao longo do trem.

Atravessava os corredores de vagão em vagão e percebi que logo não teria alternativa. Aquele meio de transporte tinha um espaço finito e logo não teria mais para onde fugir. Adentrei o vagão-restaurante, os passageiros olharam na direção de meus passos apressados, quase correndo e olhando para trás. Permiti que todos percebessem que eu estava fugindo. Olhei para trás para ver se Nelson Romine estava próximo. Quando voltei os olhos para frente, choquei-me com uma jovem alta e loira que carregava uma bandeja com um copo de suco de laranja e um sanduíche; sua refeição caiu sobre mim.

— Por que você não presta atenção por onde anda? — disse a jovem, de forma imperativa.

— Perdoe-me — respondi.

Nesse momento, o antigo estudante de Direito Nelson Romine abriu a porta do vagão-restaurante. Tratei de abandonar o lugar, o mais rápido possível. Cheguei ao último vagão, abri a porta e saí. No lado de fora o barulho dos trilhos é ensurdecedor. Olhei de um lado para outro, reconheci que estava sem alternativas. Coloquei as mãos sobre a cerca de retenção no fim do trem. Quando a porta se abriu, atirei-me contra Nelson Romine como um projétil. A surpresa foi tão grande que o fez desequilibrar-se e cair para fora da locomotiva. Devo ter agido como um louco para tê-lo assustado. E o detetive freelance já poderia estar esperando alguém que agiria com violência, mas o susto o deixou atordoado. Ficou agarrado do lado de fora da cerca do último vagão, seus pés se arrastavam pelos trilhos. Tentei segurá-lo para que retornasse ao trem.

Eu não poderia ser cruel, vi seu olhar em pânico, estendi a mão para ajudá-lo, mas já era tarde demais. Nelson perdeu as forças e caiu. Não consegui segurá-lo. Sentei-me sobre minhas próprias pernas e a angústia veio para me dominar, tomei uma atitude desesperada por um objetivo questionável.

Alguém abriu a porta de saída do vagão. Levantei-me e procurei recompor-me. Observei uma jovem loira apoiada na cerca de retenção do último vagão.

— Você é Simone Linhares, não é? — perguntei.

Ela respondeu com o olhar e um leve movimento da cabeça. Procurei agir naturalmente, ao mesmo tempo sentia um nervosismo e a mais pura alegria.

— Quero lhe pedir desculpas pela maneira como me comportei — disse ela.

— Não tem problema, eu é que deveria prestar atenção no que faço.

— Acho que nós dois somos culpados.

— Tem razão. O que aconteceu para você perder o controle? É claro que eu derramei seu copo de suco e isso deixaria qualquer pessoa irritada. Mas parece que foi apenas a gota d'água para você desabafar algo, uma insatisfação acumulada há muito tempo.

— Tenho viajado dia e noite, vou do aeroporto para o hotel, do hotel para o local dos desfiles, dos desfiles para o hotel, depois para o aeroporto de cidade em cidade, o ciclo se repete. Os lugares parecem sempre os mesmos, o mundo parece tão pequeno...

O mundo é um ciclo, composto por uma série de ciclos menores.

— A rotina se repete, sei como é, mas você viajou o mundo — eu disse a ela.

— Até agora apenas atravessei o oceano.

— É mais do que muita gente realizou a vida inteira.

— Não dá para acreditar no que aconteceu comigo. — Seu olhar, a sua face inspirava confiança. — A vida de modelo pode ser interessante, mas também pode ser difícil manter o equilíbrio e dar importância às prioridades, gosto desse estilo de vida, conhecer pessoas como os fotógrafos e maquiadores e experimentar roupas novas. — Ela deixa um sorriso discreto escapar entre os lábios. — Como tenho 14 anos, vou passar a adolescência de forma diferente dos outros. É uma vida de trabalho sério para minha idade. Às vezes sinto medo porque eu preciso controlar cada gesto, pose e sorriso. Nos desfiles não posso errar, não posso tropeçar, não posso cair.

— Você tem um universo de possibilidades diante de você, é natural sentir medo.

— Para onde você está indo?

— Estou indo à Convenção de Estilistas assistir ao seu desfile.

— Está brincando.

— Vou assistir à apresentação da Ligação Totalitária.

— Planejou esta viagem?

— Não planejei nada, às vezes o que você planeja não sai como previsto, ao que parece para demonstrar que você não tem o controle. Por exemplo: não esperava estar conversando com você neste momento — disse isso passando a mão nos cabelos.

— Você é chato.

— Eu sei.

— Você é legal, parece querer dizer algo, mas não consegue escolher as palavras certas. — A intuição feminina é algo sobrenatural.

— Talvez, se o tempo permitir que esta conversa se prolongue, eu fique mais à vontade, mas você é a personalidade mais importante aqui.

— Então você já me conhece.

— O que sei é o que passa nos noticiários.

— É mais do que sei sobre você.

— Eu não teria o que falar a meu respeito, sou um estudante e uma espécie de *faz-tudo* no restaurante onde trabalho. Vários trabalhadores e turistas frequentam o restaurante Palacete.

— Turistas?

— Outro dia, atendi um norueguês que pediu um refrigerante, falava com dificuldade o nosso idioma. Estava interessado em conhecer a cidade, indiquei-lhe alguns pontos turísticos e expliquei o que sabia sobre cada um deles, como uma praça que foi construída em cima de um cemitério indígena. Em retribuição, o norueguês presenteou-me com um livro que descrevia sobre a história, a geografia, a fauna e a flora da nossa região. Imagine só, um estrangeiro poderia conhecer mais sobre o lugar onde vivo que os próprios habitantes, e devo ter contribuído para isso.

Simone não era bonita, ela era linda. Era alta, não era magra, não estava acima do peso. Era mulher, e isso a fazia um ser extraordinário. A mulher é a personificação de uma poesia. Seu rosto parecia um trabalho de Fídias, famoso escultor da Antiguidade, emoldurado por cabelos loiros e lisos, as sobrancelhas pareciam retas, olhos profundos, um verde-escuro que pereciam negro, seu nariz formava um triangulo perfeito e seus lábios eram levemente acentuados. Quando falava, gesticulava. Era incrível.

A conversa estava fluindo de forma natural, de repente era disso que precisávamos. Não sou de fazer comentários lisonjeiros gratuitamente, mas estava em um estado contemplativo de sincera admiração.

— O mundo se torna mais belo pelo fato de você estar nele — disse a ela.

— Obrigada, ninguém nunca falou assim comigo.

— Difícil imaginar isso, você deveria ouvir esses comentários o tempo inteiro.

— Escuto o tempo todo que tenho o rosto bonito, que tenho postura, esses comentários.

— Você é a pessoa mais bonita que já conheci. Alguém já falou isso para você?

— Não, no meu trabalho, todos são bonitos.

— É a primeira vez que saio da minha cidade, nesses dias tudo está sendo novidade. O melhor momento é este em que estou com você.

— Ainda vai acontecer muita coisa.

— Espero estar com você.

— Você vê o mundo de forma positiva.

— É pelo fato de ter encontrado você agora.

Poderia estar carregando uma montanha nas costas, como Atlas na mitologia, mas naquele momento todo peso do mundo se tornava leve. O amor transforma. Uma transformação natural e espontânea, sem a espera de retorno. Ninguém muda por amor.

A transformação que o amor promove é voluntária, vai muito além da nossa percepção, sem que tenhamos noção. De repente, o bem-estar do outro passa a ser prioridade. Nossos desejos ou interesses individuais deixam de ter importância. O amor ensina a renunciar. A lógica do amor é amar. O amor liberta. O amor lhe faz livre para amar alguém além de si mesmo. Não é paixão, é uma vontade de ser melhor e oferecer o melhor de si a outro. A paixão se manifesta de forma febril, como um calor que precisa de alívio, que precisa ser realizado. O amor torna tudo suave.

A felicidade é um comprimido. Você a experimenta em medidas regulares. Não se pode ser feliz o tempo todo, assim como nem todos podem estar nesse estado ao mesmo tempo. Muitas vezes, a felicidade de um depende do sacrifício de muitos.

Ao desembarcar, desencontrei-me de Walter, e fiquei a observar a movimentação da estação de trens. Simone foi ao meu encontro e explicou que iriam a uma sessão de fotos na praia e convidou-me a acompanhá-la.

Naquela tarde ensolarada, o fotógrafo dirigia a caminhoneta que levava os jovens modelos à praia. Aqueles jovens pareciam nutrir uma forte amizade havia algum tempo. Na juventude, você preserva seus amigos como se guarda um tesouro. Quando somos jovens, todos somos belos e formosos. Você vive procurando encontrar o seu lugar.

De repente, um dos jovens pega um skate e salta caminhoneta afora, a seguir outro modelo faz o mesmo. As jovens observavam com sorrisos. No fim daquela estrada coberta com uma fina camada de asfalto, uma estreita faixa de areia estava a nossa espera. A luz do sol daquela tarde irradiava sobre as águas, que se chocavam com as rochas da praia. Uma espécie de vegetação rasteira tentava sobreviver a esse encontro violento se balançando audaciosamente. As ondas jogam-se na praia e abraçam as rochas com força. O limite do continente com o mar, no horizonte vemos o encontro do céu com as águas do oceano profundo.

    A natureza em estado original é uma obra de arte com a assinatura do Criador. Quando o homem altera o estado natural da criação, perde-se a beleza, e o encanto desfaz-se. A sensação de pisar na areia da praia com os pés descalços é algo que não podemos sentir em frente à televisão. Você poderá contemplar os milagres que há no mundo até os confins do universo, quando reconhecer o milagre que há em si mesmo. A vida é um milagre. O ser humano é um conjunto de milhares de células trabalhando em harmonia para manter o corpo em funcionamento. Você pode esperar por um milagre divino ou pode fazer o milagre acontecer. Não se trata de um desrespeito ao Criador, o fato de estar vivo já representa um milagre.

    O fotógrafo coordenava as posições para fazer as fotos. As poses e os gestos pareciam uma dança. Havia um sorriso no rosto das modelos bronzeadas. No rádio da caminhoneta, tocava uma música de um famoso cantor latino-americano. De repente, Simone convida-me a dançar.

— Você está sempre sorrindo — diz ela.

— Cada vez que você respira é um motivo para eu sorrir.

— Você está brincando.

— A primeira vez que a vi fiquei impressionado com tanta beleza, meus olhos ainda não haviam enxergado beleza tão elevada em uma só pessoa.

— Sei — diz Simone, balançando a cabeça positivamente.

— Você é muito bonita.

— Por isso sou modelo.

— Falta um pouco de humildade, mas o que fazer.

— Viu? Eu não sou perfeita.

— Não tem problema não.

Aquele acontecimento causou-me um sentimento de inexprimível felicidade. Fiquei feliz por estar vivendo aquelas experiências. O que é a felicidade senão um momento de sensação de bem-estar? Quando somos agradecidos por aquilo que temos, tornamo-nos aptos a merecer mais. Naquele instante, eu estava agradecido por estar vivo. Você vive procurando encontrar o seu lugar, de repente senti que aquele era o lugar que eu procurava.

A felicidade é um conjunto de sensações. Em um momento de bem-estar, seu corpo libera algumas substâncias como a dopamina, que faz você sentir-se realizado; endorfina, que causa sensação de prazer e euforia; e ocitocina, que lhe traz sensação de segurança, amor e confiança. A felicidade entorpece a alma, deixa-nos cativos em busca permanente por uma passageira sensação de bem-estar.

Figura 7 - A Terra, o Sol e a Lua

7

EQUILÍBRIO

É tudo. O pôr do sol é um evento incrível. O sol desaparece no Oeste deixando a luz avermelhada decorar a paisagem no horizonte e aos poucos se dissipa lentamente. Os raios solares despedem-se do dia no ocidente permitindo a escuridão da noite tomar o seu lugar. As luzes dos prédios iluminam a cidade. Você faz o balanço das últimas horas. É a oportunidade de avaliar o dia e planejar o futuro. Para uns, é momento de recolher-se para repousar, descansar e sonhar; para outros, é quando a vida começa.

Em 1542, quando Francisco Orellana percorreu pela primeira vez o rio Amazonas, o maior rio do planeta, da nascente à foz, sua expedição sofreu vários ataques de indígenas que habitavam a região. Os nativos atacaram alguns de seus homens para protegerem seu território daquele grupo desconhecido, a fim de assegurarem sua sobrevivência.

Em 2017, uma britânica viajava numa jornada, que começou em Iquitos, no Peru, para percorrer o rio Amazonas, o mesmo percurso de Orellana. Alguns homens da região a mataram a tiro para roubar alguns equipamentos tecnológicos celulares, tablet, câmera de alta definição e dinheiro. Certamente, esses homens utilizam-se dessa prática criminosa para custear sua sobrevivência.

A mesma região, o mesmo comportamento e quase 500 anos de diferença, pelo mesmo objetivo: sobrevivência. Podemos questionar se o ser humano evoluiu nesse intervalo de tempo.

O homem precisa de uma arma para garantir a segurança de sua vida quando o governo não é capaz de proteger o cidadão das ameaças em seu território. Devemos promover a paz e a convivência em harmonia entre os homens, mas o perigo sempre ameaçou a sobrevivência da espécie humana. O homem tem se mostrado menos altruísta e com mais predisposição para a prática da violência. Em algum momento, ficou estabelecido que o cidadão trabalharia e pagaria seus impostos para garantir a riqueza das nações e os governos lhes ofereceriam direito à educação, saúde e segurança. O Estado tem falhado em realizar sua função.

Uma teoria popular sobre a origem da vida na Terra apresenta a ideia de que a vida se originou da interação entre matéria e energia. Cientistas especulam que, há bilhões de anos, as margens dos antigos oceanos primordiais encontravam-se saturadas de aminoácidos, que colidiam entre si até começarem a se agrupar espontaneamente, produzindo uma proteína, repetindo continuamente esse processo. Assim, mais aminoácidos produziam mais proteínas, até a energia atingir a matéria inorgânica.

Existem inúmeras teorias incompletas e contraditórias sobre a origem da vida, mas é conclusivo que a vida humana é frágil como um fio e volúvel como um sopro. Por isso, a morte é representada por uma figura esquelética com uma foice, que a qualquer momento pode ceifar o fio da vida. A vida humana está em risco a todo momento na violência urbana, na guerra do tráfico de drogas ou na guerra entre países em conflito.

Um condutor de um automóvel na iminência de uma colisão prefere desviar-se para a calçada e colocar em risco a vida de pedestres a chocar-se com outro automóvel, evitando prejuízos financeiros. As pessoas brigam para entrar em um transporte coletivo, entram em conflito por um espaço dentro do ônibus. Um sindicalista candidatou-se ao cargo de presidente de sindicato dos trabalhadores na maior cidade industrial do país. Sua candidatura estava ameaçada pelo seu principal adversário ao pleito. Dias antes da votação, o adversário do sindicalista foi encontrado morto na estrada. O famoso líder sindical foi eleito presidente do sindicato dos trabalhadores.

As religiões atribuem a Deus o poder da vida e da morte, entretanto alguns homens julgam-se dotados de poderes divinos para determinar quem vive e quem deve morrer. Atendem à sugestão da serpente de ser igual ao Criador.

Candidatos a um cargo público assassinam seus adversários para garantir sua eleição. Prefeitos e chefes do Executivo representam a elite empresarial, e pouco se interessam em atender as necessidades do cidadão comum. Juízes e magistrados atuam para favorecer essa classe dominante. Vivemos em aglomerados populacionais, que chamamos de cidades, em busca de recursos para sobrevivência. A luta pela sobrevivência da espécie humana é intensa. Tempestades, cidades alagadas, secas extremas, pandemias, conflitos entre nações: cada evento emerge como um desafio para a humanidade superar.

Quando um indivíduo é ofendido, de alguma forma perde sua dignidade. Assim, o indivíduo sem dignidade é imprevisível.

João Batista Nascimento, conhecido como Sinuca, cometeu seu primeiro crime aos 17 anos assaltando um turista austríaco com uma faca. Júlio Aldo Ribeiro, o Fumaça, com uma réplica de arma de fogo, assaltava ônibus. Conheceram-se em um centro de detenção. Sinuca e Fumaça, usamos estereótipos para nos referir aos nossos semelhantes, deviam dinheiro a criminosos e eram ameaçados com frequência, por isso estavam a sobreviver de assaltos e sequestros para pagar a dívida e manter-se vivos.

Observaram no jornal que Simone Linhares em seu último desfile usou um colar que custava três milhões. Os dois homens decidiram fazer reservas no mesmo hotel em que Simone Linhares havia se hospedado. Em um momento oportuno invadiram o quarto onde a modelo estava instalada com sua maquiadora.

— Onde está o cordão? — pergunta Fumaça de forma agressiva.

— Não é cordão, é um colar — diz Sinuca.

— Eu não sei — responde Simone, nervosa.

— Que colar? Que cordão? — pergunta a maquiadora que acompanhava Simone.

— O colar de diamantes que custa 3 milhões e está aqui nesta foto — responde Fumaça mostrando a foto no jornal.

— É um colar de *pedras preciosas* de 3 milhões — lembra Sinuca.

— Vai ficar me corrigindo agora... — devolve Fumaça.

— Não andamos com um colar nesse valor, usamos na sessão de fotos e devolvemos — diz a maquiadora.

— Você é famosa, não é? Então vamos levar você e exigir os 3 milhões para soltá-la — diz Fumaça.

O desespero toma conta das jovens.

— Para onde vocês vão nos levar? Não façam isso, por favor.

Sinuca abre a porta e olha pelos corredores para ver a movimentação. Desvencilharam-se da maquiadora e levaram Simone.

Mesmo sem saber os detalhes desses acontecimentos, percebi que algo havia de errado. Era notável uma movimentação irregular, apesar de tudo parecer normal. Então, observei os sequestradores levando Simone para dentro de um carro. Novamente fiquei paralisado, não devia deixar isso acontecer, precisava fazer algo. Chamar a polícia? Dá para imaginar? Precisava agir rápido. De repente, vejo-me correndo atrás do veículo que transportava Simone. Quanta ingenuidade, não podia alcançar o transporte na carreira. Encontrei-me perdido.

Uma simples atitude exige um grande esforço e gera pouco reconhecimento. Defender aquilo em que você acredita envolve um perigo pessoal.

Na ausência de princípios e valores, fazer o que é certo requer um esforço homérico. Ser justo e ser honesto torna-se uma atitude heroica, quando essas práticas deveriam ser requisitos básicos para a convivência social. O indivíduo da espécie humana nasce com impulsos, desejos, paixões, limitações, contradições e livre-arbítrio. Para viver em harmonia, precisamos renunciar ao livre-arbítrio, assim criamos leis para regular limites e controlar nossos desejos, como o Código de Hamurabi e os Dez Mandamentos dos hebreus, e assim conviver de forma civilizada.

Existem indivíduos que não têm interesse em realizar as funções que lhes foram atribuídas, colocam seus interesses e paixões particulares acima das ações que precisam ser executadas. São incapazes de abrir mão de questões pessoais por um bem maior. Logicamente, ninguém vai expor suas práticas imorais, todos possuem o direito de ampla defesa, mas essas práticas existem. Desde omissão de ajuda a quem precisa, uma ligação clandestina de energia elétrica ao desvio de grande soma de recursos públicos.

Somos controlados por nossos instintos. Vivemos para satisfazer nossas necessidades e desejos e dedicamos parte da nossa vida para essa finalidade, se não a vida inteira. Quando falamos em desenvolvimento e amadurecimento pessoal, falamos em ter predisposição para deixar de fazer o que fazemos. Ter novos hábitos e desenvolver novas práticas que permitirão ir além da situação em que nos encontramos, seja ela qual for.

Não podemos ter medo de errar, quando estamos decididos a fazer o que é correto. Os erros decorrem do desejo de fazer o que é certo. Se você fizer algo bom, algo que é correto fazer, mesmo que não haja retorno ou recompensa, ao menos estará em paz com a sua consciência por ter agido corretamente, o que já é uma recompensa.

É preciso fazer o que é certo sempre, mesmo que receba críticas e seja hostilizado por agir corretamente. Às vezes, pessoas que você menos espera vão se manifestar contra por fazer o que é certo. Haverá aqueles que indicarão seus erros para demonstrar que você não é uma pessoa adequada para agir de forma correta. De qualquer forma, você será alvo de críticas, qualquer que seja a ação.

Um profissional que atuava no comércio explicava que seu trabalho era ajudar as pessoas e que o resultado financeiro era de acordo com o desempenho de suas atividades, por isso era alvo de críticas e deboche. O profissional precisava esclarecer que quando alguém busca um produto ou um serviço no mercado é porque precisa de algo que o mercado oferece. Pode ser que essa pessoa busque algo que lhe tira o sono há muito tempo. Pense que esse cliente não recebeu o tratamento adequado em outro estabelecimento. Então, quando encontra alguém para ajudá-lo, acaba por sentir-se satisfeito. Diziam: *Então, trabalhe de graça.*

Quem defende que a benevolência e a caridade devem ser praticadas por religiosos deve considerar também que o Paraíso está reservado a quem pratica a benevolência e a caridade. Não é preciso ser bom para praticar a bondade. Quando se faz o bem, a bondade transforma o indivíduo. Quando você sente medo e precisa encorajar as pessoas que também têm medo, você acaba encontrando em si uma coragem que até então desconhecia.

Não posso parar. Carrego dúvidas como qualquer pessoa, mas não devo parar em nenhum momento. A força e o equilíbrio interior precisam ser mais sólidos e constantes que as manifestações que removem o foco e o bem-estar. Equilíbrio é tudo.

Um motociclista passou e expliquei que precisava acompanhar o carro que levava Simone. Não falei sobre o sequestro, para não causar pânico e medo. Expliquei que iria receber uma encomenda e solicitei que o motociclista aguardasse no mesmo local. Era uma zona portuária, com um labirinto de contêineres.

Observei que Sinuca estava armado com um revólver; e Fumaça, com uma faca. Causei um barulho ensurdecedor para atrair a atenção dos dois criminosos. Sinuca avisou Fumaça para verificar a origem do barulho. Entrei em luta com o Fumaça, ele tentou me esfaquear. Segurei a lâmina da faca com uma das mãos, que ficou dilacerada. Após uma intensa luta corporal, consegui desarmá-lo. Esperei por algum tempo até Sinuca sentir falta de Fumaça; quando Sinuca deixou Simone sozinha para averiguar o que acontecera, procurei livrar Simone. Saímos do porto sorrateiramente.

O nervosismo de Simone era visível ao ver minha mão ensanguentada.

A longa espera fez o motociclista desistir e abandonar o local combinado. Viaturas da polícia se aproximavam. Expliquei a ela que precisava ir. Ela pediu que eu não a deixasse sozinha. Abracei-a forte. Parti antes que a polícia chegasse.

Todos queremos ter um futuro brilhante. Como ser brilhante em um mundo sombrio que criamos?

Figura 8 - A Terra e o nascer do Sol

8

A FORÇA

Certo dia, no fim da tarde do mês de julho, em um bairro a oeste do centro da cidade, iniciou-se uma movimentação inesperada. Uma pequena multidão começa a se formar em frente a uma casa ao lado de um córrego.

Comentários incertos afirmavam que um jovem cometera suicídio com uma corda em volta do pescoço.

— Encontraram algum bilhete? — alguém perguntou.

É comum nessas ocorrências encontrar vestígios dessa natureza, bilhetes, carta ou mensagens que apresentam o motivo para alguém interromper a própria vida.

— Ele tinha apenas 18 anos — observou um conhecido.

Os sinais de espanto eram visíveis no rosto daquelas pessoas.

— Há dez anos o pai dele também cometeu suicídio — uma pessoa que mora próximo às redondezas revelou.

Seria possível um hábito tão mórbido ser transferido de pai para filho? Certamente, o jovem, em seu momento de angústia, pensou: *Se meu pai tirou a própria vida,* não fará diferença eu *também me matar.* Ou quantas vezes, em sua breve passagem nesta vida, o jovem pensou no ato de seu pai e condicionou-se àquela atitude como meio de encerrar um problema sem solução aparente.

Alguns padrões comportamentais são transmitidos de geração em geração por hereditariedade. Por outro lado, o ambiente determina o padrão comportamental de uma sociedade. Assim, o resultado dessa perspectiva se torna bastante previsível, como nesse caso o filho de um suicida tem potencial para cometer suicídio. Ou o filho de um empresário terá sucesso no mundo dos negócios, o filho de um médico se formará em medicina, o filho de um criminoso entrará para o mundo do crime, o filho de um professor estará destinado a lecionar.

Se essa observação for verdadeira, a sociedade está engessada e a evolução e o desenvolvimento individual estão comprometidos. Estamos limitando as escolhas de cada pessoa, estamos excluindo a possibilidade de cada ser humano trilhar seu próprio caminho. O indivíduo em silêncio, a pessoa que não questiona, beneficia quem se favorece com essa crença.

Um aspirante a escritor levou seus textos para um famoso editor da cidade, que respondeu:

— Não vai existir outro Machado de Assis.

— Vai me ajudar a publicar? — pergunta o jovem escritor.

— Você precisa ler mais, Bukowski, Maupassant... — diz o editor.

— Esses textos representam um registro da nossa época — explica o jovem.

— Escreva um diário — devolve o editor.

Após se submeter a uma avaliação, um estudante foi aprovado em uma conceituada instituição de ensino, onde a seleção dos seus alunos era muito rigorosa. Ao informar sua família sobre a realização, ouviu a seguinte resposta de sua mãe: "Essa escola é para filho de gente rica".

Um jovem conseguiu emprego em uma franquia comercial, que há décadas existia na cidade. Quando noticiou a conquista para seu pai, este respondeu: "Essa empresa está falindo".

Quando se está inserido em um ambiente desfavorável, temos a oportunidade de desenvolver firmeza nas nossas determinações. Com tais afirmações, esses jovens podem abandonar suas aspirações e condicionar-se à situação em que se encontram ou devem agir com tenacidade e encontrar meios para realizar seus projetos. "Tu, porém, não cedas à adversidade" (Virgílio, 2004, p. 113).

Precisamos considerar que o ambiente tem influência sobre o homem, bem como os hábitos adquiridos por herança, mas cada indivíduo é responsável por seus atos. Cada ação realizada pelo ser humano pode mudar a rota de sua existência. Em algum momento da História, o filho de um escravo se rebelou contra o chicote do seu senhor, iniciando o longo caminho até o fim da escravidão, embora, ainda hoje, exista essa prática em alguns lugares do mundo.

Não há destino. Se as coisas acontecem porque tem de acontecer, o conceito de livre-arbítrio deixa de fazer sentido. Se somos reféns do determinismo social, a crença na liberdade de escolha deixa de existir. O determinismo histórico é anulado quando vemos personagens históricos que desenvolveram habilidades extraordinárias para sobreviver neste mundo, que tomaram decisões importantes, muitos realizaram grandes feitos que mudaram o rumo dos acontecimentos em sua época.

O determinismo ambiental e biológico elimina a liberdade individual. A responsabilidade do ser humano por seus atos passa a ser questionada, passa a depender do ambiente em que se está inserido ou da herança genética.

Muitas vezes, o ambiente pode não lhe permitir mudar o rumo da história humana, mas é possível tomar decisões, criar hábitos e meios para mudar sua própria história. O apóstolo Paulo destaca em sua Carta aos Gálatas (6,7) que "aquilo que o homem semear, isso também ceifará". Essa ideia foi traduzida em conceitos de causa e efeito, em que toda ação leva a uma reação.

Edward Lorenz explica, valendo-se da Teoria do Caos, que um pequeno evento é capaz de provocar fenômenos em escala infinitamente maiores. Toda ação que o ser humano realiza é fundamental para a trajetória de sua existência.

Os quadros dos pintores impressionistas Degas, Monet e Renoir evidenciam que cada traço do pincel é um elemento importante para composição final da obra. Cada momento na vida humana faz parte de uma grande epopeia.

Quando tomamos uma decisão e temos uma atitude, precisamos entender que haverá consequências. Temos diante de nós inúmeras possibilidades — o filho de um professor, além de lecionar, se tornou o reitor da universidade local.

Os princípios devem ser pétreos e atemporais. Alguns valores cultivados por muito tempo perdem relevância, não é que seus conceitos sejam ultrapassados. Há algumas décadas, um homem trabalhador, íntegro e honesto seria um candidato ideal para o casamento. Hoje, caso o cidadão não ajude sua parceira nas atividades domésticas, além de ser trabalhador, íntegro e honesto, não está apto para o matrimônio. Não que você seja antiquado, mas é que os valores mudam.

Os traumas que você sofreu acabam fazendo parte da sua personalidade. Você se ofende com facilidade, o ressentimento deve ser dissipado para não se tornar um obstáculo no controle do seu próprio destino. É importante suportar a difamação e a inveja para não ser parte do problema e passar a ser parte da solução.

Os sábios que promoviam a verdade foram mortos. Mataram os profetas que denunciavam a mentira. Na maioria dos casos, poucos indivíduos agem de acordo suas convicções. Libertadores se tornam ditadores e os ditadores cedem aos apelos por um regime democrático. O mundo está em frequente mudança.

Durante a época da colonização, em 1723, o tuxaua Ajuricaba liderou uma resistência contra a ocupação portuguesa na região do Rio Negro, na Amazônia. Valendo-se da diplomacia e persuasão unificou as tribos, que antes eram descentralizadas e rivais. Diferenciava os diversos europeus que invadiam o território: espanhóis, franceses, holandeses, portugueses e ingleses. Negociou com holandeses que lhe forneceram armas de fogo. Atacou as tribos que apoiavam os colonos e destruiu as povoações dos colonizadores. Em 1728, os portugueses organizaram uma expedição para punir o chefe Ajuricaba e outros líderes guerreiros. Após um poderoso ataque, foram presos e postos a ferros. Ao ser transportado em uma canoa para a cidade, onde seria vendido como escravo, Ajuricaba, acorrentado, escolheu jogar-se nas águas do rio a ser levado prisioneiro.

O homem deve lutar contra o destino, temos a escolha de agir por convicção ou por conveniência.

Jesus Cristo foi tentado no deserto, e o que existe de pior na natureza humana se manifestou contra Ele para gerar dúvidas e temores. Entendemos *demônio* como a manifestação do mal que persegue a humanidade, porém podemos considerar que nosso medo e insegurança promove ações que transformam a nossa vida em uma tragédia. Questionado pelas autoridades religiosas da época e pelo procurador romano. Seus princípios e valores permaneceram inabalados. Foi abandonado, hostilizado, torturado, mas nada foi capaz de abalar Seus valores e Suas convicções.

Quando uma ideia permanece por muito tempo, representa uma demonstração de que não houve derrota e rendição.

Malala Yousafzai arriscou sua vida na luta pelo direito à educação em seu país, renovou a crença na capacidade de uma pessoa inspirar e modificar o mundo. A ideia de que uma pessoa pode mudar os rumos dos acontecimentos permanece, assim como as consequências por aderir a este pensamento. Defender aquilo em que se acredita representa colocar sua vida em risco. Para permanecer firme nas suas crenças e valores, o senso de dever e lealdade deve ser cultivado na sua personalidade.

Poucos desenvolvem um senso de dever e lealdade consistente, por isso não conseguem ser fiéis a si mesmos. O ser humano tem predisposição para fazer o bem, como também tem tendência para praticar o mal, todos temos a mínima noção do que é certo e errado. Suas crenças e seus valores devem ter um fundamento sólido para não sofrermos influências passageiras.

Observe que aquilo que é permanente possui alguns elementos fundamentais que sustentam a sua duração. O que confere um aspecto atemporal aos elementos são seus fundamentos imutáveis. O tempo apresenta passado, presente e futuro; o espaço é formado por largura, altura e profundidade; o estado da matéria pode ser sólido, líquido ou gasoso; a estrutura da matéria, isto é, os átomos são formados por prótons, elétrons e nêutrons; a música possui melodia, harmonia e ritmo. Esses elementos básicos da natureza são permanentes e cada um possui uma estrutura que lhes confere consistência. O que você acredita deve ter fundamentos sólidos que ofereçam permanência atemporal. Aquilo em que se acredita é mais valioso que o ouro refinado em alta temperatura.

Nossas crenças devem ser fundamentadas em valores fortes e consistentes.

Aqueles que julgam que fazem o que é certo morrem por esta causa. A seca faz milhões de indivíduos abandonarem suas terras de origem, o sertão, uma região de clima desértico. Irineu Solon de Freitas, seu pai e seus irmãos, Elias e Luiz, se deslocaram para a região da grande floresta tropical para trabalhar nos seringais. Após anos de privações trabalhando na extração de seringas, deixou para trás seu pai e os irmãos para atuar na construção da capital federal. A seguir, instalou-se na cidade localizada em um dos acidentes geográficos mais belos do planeta trabalhando em uma oficina de lanternagem veicular. Casou-se e teve um filho chamado Davi. Seu irmão Luiz o convidou para trabalhar na empresa de energia elétrica da região Norte do país como motorista. Após um desentendimento com a esposa, aceitou o convite do irmão, deixando-a com o filho. Trabalhando na empresa de energia elétrica, casou-se com uma mulher com cinco filhos. Onze anos depois a mulher o deixou para viver com outro marido. Trabalhou como motorista para prover o sustento das crianças deixadas pela mãe. Faleceu aos 66 anos com problemas gastrointestinais. Foi a figura paterna que aquelas crianças conheceram. Fez aquilo que acreditava ser o certo.

Walter Sena estava hospedado no Hotel Imperial, onde nos encontramos. Precisei fazer alguns curativos na mão.

— Como está a Simone? — pergunta Walter Sena.

— Ela ficou abalada, mas está bem, a agenda dos desfiles será mantida.

— Você tem roupas para ir ao evento dos estilistas?

— Só tenho as roupas que estou usando.

— Foi o que pensei. Não poderá entrar lá usando uma camiseta, calça jeans e tênis; você mesmo se sentirá inadequado, por estar usando roupas sujas e esfarrapadas. Vou lhe emprestar algumas roupas, você tem o mesmo porte físico que meu filho.

Figura 9 – A Terra vista do espaço **à noite**

9

O MOMENTO

Era uma grande oportunidade empresarial, em que seriam apresentadas as inovações tecnológicas daquele ano no setor industrial, agrícola, na indústria automobilística e de motocicletas, cosméticos, perfumarias e moda.

A Convenção de Estilistas aconteceria no Hotel Imperial. Na verdade, o evento fazia parte de um grande encontro empresarial de vários setores econômicos que se estenderia por toda a semana.

Era um ambiente festivo e luxuoso. Eu sabia que não pertencia àquele lugar, ao mesmo tempo parecia que eu sempre quisera estar ali.

Walter Sena ajudou-me de várias formas, até mesmo entregou-me passaportes de entrada que permitiriam que eu participasse do evento naquela noite.

Na entrada do Hotel Imperial, você era recebido por luzes de holofotes que cruzavam o céu noturno. O acesso ao lugar onde estariam as diversas atrações de negócios ficava anexo ao hotel e fora construído para essa finalidade. Na entrada da área onde ocorreria a Convenção de Estilistas e o desfile de moda, havia uma grande faixa em que estava escrito: BEM-VINDO AO MUNDO FASHION. Na programação do evento, havia uma série de bandas musicais que se apresentariam para criar um ambiente de festa.

Percebi que havia passado muito tempo quando comecei a visitar os stands repetidas vezes.

Uma das diversas atrações musicais da noite seria um grupo de heavy metal internacional chamado Black Skull, algumas pessoas esperavam ansiosos para assisti-los, usavam camiseta com a logomarca do grupo, uma bandeira de navio pirata. A banda Ligação Totalitária se apresentava naquele momento tocando uma balada dos anos 70.

Quando a encontrei, ela usava um vestido na cor verde, quase preto. Ela já estava me observando. Após os cumprimentos, Simone disse:

— Não deveríamos estar aqui. — Olhava para as ataduras da minha mão.

— Você tem razão — respondi. Ela estava certa em todos os sentidos que poderia elencar. — Estou aqui por você.

— É noite, ainda vai amanhecer.

— Nem toda noite será suficiente.

Abraçamo-nos e tentamos acompanhar a famosa música dos anos 70 que a banda Ligação Totalitária estava a tocar. Já havia estado com Simone anteriormente, mas ao abraçá-la foi possível sentir a maciez de sua pele, seu corpo branco, magro e delicado inspirava cuidado. Abracei-a forte com a intenção de a proteger e lhe dar segurança. Nossos olhos se encontraram. Seu olhar era tão sereno e confiante... Ela era tão alta... A quem eu queria dar segurança? A demonstração de serenidade evita o embaraço, porém as dúvidas e a insegurança ainda existem e se tornam um pesadelo. É difícil mensurar a força que uma mulher possui, algo que envolve força e suavidade. Entretanto, o que estávamos sentindo naquele momento era algo que nos completava. Os homens estão perdidos em sua lógica, fé e emoção.

Em momentos assim você percebe quanto o tempo é curto, passa numa velocidade que você não imagina, da mesma forma em que parece durar uma eternidade.

Na situação em que me encontrava eu precisava estar observando tudo. De repente, percebi que todos estavam lá. O policial Ronilson Santiago, o detetive particular Nelson Romine, os sequestradores Fumaça e Sinuca, que foram liberados da delegacia, após uma audiência. O judiciário está saturado de anomalias, aqueles que atuam nos bastidores determinam quem será encarcerado ou quem estará livre, é um desdobramento do poder econômico. Parecia não haver chances. Aquele seria o último momento com ela. A minha trajetória chegava ao fim.

Senti um frio na barriga, pensei em correr, mas eu estava com ela. Abracei-a forte por mais um instante.

— Eu preciso ir embora.

— Eu sei — ela disse. — Eu vou com você.

Pensei em dizer: *Não!* Mas discutir seria inútil naquele momento, aqueles que me perseguiam se encaminhavam ao meu encontro, era uma situação de emergência. Eu precisava ser forte e omitir minha insegurança. Ela era exatamente o que ela é. Segurei a mão de Simone e saímos dali apressadamente.

Quando ela viu um dos sequestradores, entrou em pânico. Tentei acalmá-la dizendo que aqueles indivíduos que ali se encontravam não estavam a sua procura. O clima festivo foi substituído pela confusão e poucos sabiam o que estava acontecendo. Eles nos alcançaram, lutamos muito para nos desvencilharmos. Parte do lugar onde as bebidas estavam armazenadas foi destruída no conflito.

Corremos pelos corredores do hotel, subimos as escadas. Alguns andares acima, os sequestradores, Sinuca e Fumaça, nos alcançaram em um grande salão onde havia mesas organizadas para um jantar. Um ambiente luxuoso, as toalhas de mesa pareciam seda e todo o salão estava adornado por cortinas brancas. Corremos entre essas mesas, tropeçamos e caímos algumas vezes.

Lutamos contra Sinuca e Fumaça. Na confusão, Simone caiu janela afora. Fiquei desesperado. Avancei furioso contra Fumaça. Uma luta selvagem que envolveu cadeiras, garrafas de vidro quebradas e socos desferidos um contra o outro. Desajeitado, desferi alguns golpes contra ele. Por fim, Fumaça segurou um revólver e apontou contra mim. Atirei-lhe uma cadeira, que o fez desequilibrar-se, o que deu tempo de tomar-lhe a arma e apontá-la contra ele, ao que o policial Ronilson chega e diz:

— Não faça isso, Augusto, você não é assim.

O policial Ronilson disse para eu me entregar à polícia. Olhei para um lado e para outro, observei a janela pela qual Simone havia caído. Atirei-me janela afora.

Simone estava dependurada na sacada da janela. Antes de jogar-me através da janela, agarrei com força a cortina que a adornava. A cortina estava presa em algo, segurei Simone e a distensão da queda nos atirou contra outra janela a um andar abaixo, que nos fez cair em um corredor do hotel. Durante a queda girei o corpo de forma a fazer com que ela não se chocasse contra o chão e caísse sobre meu corpo e para que ela não se machucasse. Tudo aconteceu muito rápido. Fiquei desacordado por algum tempo.

Quando despertei estávamos abraçados naquele corredor com tapetes vermelhos. Ficamos a olhar um ao outro em silêncio. Não precisávamos de palavras, nem explicações. Foi a última vez que a vi. A polícia chegou e nos separou, levando-nos em direções opostas. A famosa canção dos anos 70 permanece nas minhas lembranças quando recordo esses eventos.

Figura 10 - Planeta Terra vista a partir do espaço

10

RESULTADOS

O que está registrado nestes textos não é algo novo, é do conhecimento do mundo inteiro. Não é uma teoria, e também não é uma fantasia. Está no noticiário, nos clássicos, nos livros de História, nos fatos jornalísticos e no conhecimento popular. Essas páginas podem apresentar uma visão pessoal, unilateral e limitada do mundo por um ponto de vista geográfico restrito, podendo haver divergências e discrepâncias. Por justo motivo, deve haver algum ressentimento nestas linhas, é difícil ser impessoal, se cada fenômeno que acontece no mundo tem influência na vida das pessoas. Como não haver desconforto se, andando nas ruas de uma cidade, vemos crianças dormindo nas calçadas com travesseiros feitos de concreto, pedras e areia, enquanto muitos acumulam milhões nas suas contas bancárias? É possível refutar, ignorar e ser indiferente aos fatos ou podemos inserir os dados no nosso acervo de informações e tornar o conhecimento útil. "Há lágrimas para o infortúnio e o coração é sensível às misérias dos mortais" (Virgílio, 2004, p. 21).

As belas histórias que nos são contadas foram construídas por meio de dor, calor e sofrimento, fosse pelos personagens, fosse pelos seus autores.

É difícil descrever os eventos do passado exatamente como aconteceram, não é assim que a memória funciona. Lembramos apenas os eventos que envolvem algum tipo de emoção.

Acusaram-me de ser responsável pelo fim da vida de um ser humano, posso ter minha parcela de culpa, pois ninguém vive nesse mundo sem desvios. Eu me arrependo de todos os meus erros, temo não merecer perdão, não esperava cometer tais falhas, mas é difícil passar por este mundo sem mácula. *Não importa o pecado, Cristo já pagou por ele na cruz. Não importa o sofrimento, Cristo já o suportou por você na cruz.* Não quero justificar o injustificável ou defender o que não tem defesa; quando se é acusado de assassinato, temos atitudes imprevisíveis e inesperadas, principalmente se você é inocente. Certamente, eu gostaria de escrever estes textos de forma diferente. Quando olhamos para o nosso passado, queremos reescrever a nossa história, mas em algum momento devemos encarar os fatos e aceitar a realidade.

Eu comprei a ideia de que podemos realizar nossos sonhos e paguei um preço alto por isso. Não culpo as circunstâncias ou o ambiente pelos meus erros. Reservo a mim mesmo o direito de ter errado. Não temos certeza exata dos acontecimentos. Ninguém pode prever eventos com exatidão, mas conseguimos antever os cenários possíveis das consequências de determinadas ações. Ninguém sabe o dia de amanhã, entretanto, desenvolvendo boas práticas, certamente devemos ter resultados positivos nos dias vindouros. "Os acontecimentos do futuro ainda não são, mas podem ser preditos a partir de acontecimentos presentes" (Agostinho, 2017, p. 323).

Toda ficção científica relacionada a viagem no tempo demonstra uma vontade profunda de controlar os acontecimentos de nossa vida, seja no passado, seja no futuro. É possível controlar nossas ações apenas no presente, elencando as variáveis em curto, médio e longo prazo. O tempo é o presente, o passado foi o presente, e o futuro será o presente.

Pesquisadores explicam, por meio do princípio da incerteza de Heisenberg, que nunca podemos ter certeza exata sobre os eventos, quanto maior precisão temos sobre um elemento, menor será a precisão sobre outro. O princípio da incerteza de Heisenberg é aplicado em inúmeros fenômenos e tem grande influência sobre muitos acontecimentos.

Posso estar equivocado, mas eu já me enganei tantas vezes que o ideal lhe dá uma sensação de conforto e segurança. Quando realizamos nossos sonhos, percebemos que eles não são perfeitos, estamos presos a um pensamento da época em que ainda não se haviam realizado. A riqueza está no percurso que fazermos para realizá-los. Quando sonhamos, somos felizes.

Talvez minha vida mude a direção após a publicação destes textos, talvez não, existem tantos escritores mais qualificados em busca de seu espaço... Ou esta paródia da história universal deve estar destinada a sofrer o mesmo esquecimento dos milhares de livros que são lançados anualmente. Entendo que existem muitos livros a serem lidos, mas alguns anos de existência e algumas experiências adquiridas deram-me possibilidade de desenvolver estes textos. A prática da escrita é resultado do hábito de leitura. De repente eu tenha vivido esses momentos apenas para registrá-los nestas páginas. Um homem sem história é um homem sem passado e sem raiz.

O que nos faz evoluir é justamente o registro das experiências que vivemos no passado. Sítios arqueológicos e cemitérios indígenas nos permitem olhar ao passado e contemplar as experiências dos nossos ancestrais. Não poderíamos conhecer a magnífica civilização egípcia não fossem as descobertas arqueológicas. Os egípcios acreditavam na imortalidade da alma, por isso conservavam o corpo dos mortos, por meio da técnica de mumificação. Jesus Cristo encaminhou-se para o túmulo onde Lázaro estava sepultado para ressuscitá-lo. José de Arimatéia, homem bom e justo, comprou um túmulo novo onde ninguém havia sido sepultado para depositar o corpo de Cristo. No capítulo

15 da Primeira Carta aos Coríntios, vemos que *os mortos ressuscitarão incorruptíveis*, assim, os primeiros cristãos preservavam os corpos de irmãos em fé nas catacumbas de Roma na espera da ressurreição. Com essas práticas, podemos ver que a espécie humana é a única capaz de transmitir suas experiências para futuras gerações por meio dos vestígios e registros que deixamos durante a nossa existência. Se não preservássemos os vestígios e os registros da nossa passagem no mundo, seríamos uma espécie sem história, sem passado e sem raiz.

Quem lê pensa diferente e age diferente. Quem age diferente é rejeitado, olhado com desconfiança e consequentemente tratado com hostilidade. Julgamos com facilidade por meio de conceitos superficiais, limitados e equivocados.

O mundo exige de você mais do que você pode oferecer, e não importa quanto você faça: nunca será suficiente. Lamentar não ajuda, não contribui.

Você deve entender que tem seus próprios limites. É necessário aceitar o que pode e o que não deve fazer. Precisa entender que, para toda ação, existe uma reação. Você trabalha, você planeja. Vive em uma rotina intensa, deve fazer uma pausa para respirar, tomar um fôlego. Um fôlego divino, o sopro de Deus. Foi o sopro de Deus que deu vida à matéria inanimada.

E se todas as pessoas que me ajudaram durante a minha trajetória representam a intervenção divina? E se tudo que vivi não foi ação do Autor da Existência para um dia ser revelado ao mundo?

O fato é mais importante que uma opinião. O ser humano é extraordinário, uma criatura composta por ossos, carne, órgãos, pele e pelos harmonicamente organizados; armazena uma mente com inúmeras experiências, habilidades e talentos que ele mesmo desconhece ou dos quais não tem consciência. Dotados de personalidade e ricas realizações. Nossos conceitos limitados dificultam a descoberta de novas ideias e dificultam o acesso a possibilidades inéditas.

Numa corrida de atletismo, seria possível determinar quem será o vencedor no momento da largada? Quem estará no pódio no fim da disputa? Tudo será decidido naquele momento ou fatores como preparo, treinamento e dedicação terão influência no resultado?

Uma mulher sem recursos econômicos e com pouca cultura gerou nove filhos de relacionamentos conturbados. Uma filha engravidou prematuramente, outra trabalha na indústria, um filho trabalha no comércio, outro se envolveu no tráfico de drogas. Cada um de seus filhos trilhou caminhos distintos, um deles cometeu suicídio. Um de seus rebentos conseguiu graduar-se em Direito e especializar-se em Relações Internacionais. Hoje, trabalha na abertura da Assembleia Geral da ONU.

Algumas obras ou alguns conceitos são desenvolvidos com base em dificuldades ou determinada espécie de frustração; naturalmente, para não dizer óbvio, existe exceção à regra. Os momentos difíceis fazem emergir as maiores virtudes do ser humano e também trazem à tona o que temos de pior.

Aquele que não tem recursos financeiros sofre com a discriminação e hoje, mais ainda, está sendo exterminado, pois órgãos oficiais como o Judiciário não têm disposição para atender as demandas de quem não tem recursos econômicos e culturais. A piedade, a misericórdia e a compaixão não estão presentes nas práticas humanas.

Não podemos dizer tudo que pensamos, a censura existe e sempre existiu de uma forma ou de outra. Um filho de um pai alcoólatra não pode se manifestar contra seu genitor, a não ser para ajudá-lo. Crianças debochavam de um presidente em processo de impedimento (impeachment); um pai, embora com baixa escolaridade, mas com muita sabedoria, as advertiu dizendo: "Não façam isso, ele ainda é o presidente". Precisamos de cautela para expressar os eventos que se desenrolam ao nosso redor. É importante defender a verdade e ao mesmo tempo ser moderado com as palavras para evitar conflitos desnecessários. Equilíbrio é tudo.

Práticas abomináveis estão se tornando cada vez mais comuns. A honestidade incomoda quem usa a mentira de acordo com o seu interesse e para realizar seus objetivos. Mortes, assassinatos, estupros, extinção das famílias, violência gratuita, relacionamentos voláteis, ausência de moralidade, egoísmo, arrogância, preconceito, agressividade: o que há de pior no ser humano está emergindo de forma surpreendentemente acelerada nos últimos tempos. Instituições religiosas acusadas de estar envolvidas em escândalos sexuais, congregações religiosas cujo único objetivo é o lucro econômico, governos que atuam para manter os privilégios de uma classe dominante por meio do desvio de recursos públicos utilizando o Judiciário para manter suas ações ilegais impunes. O mundo se deteriora naturalmente e o homem nada faz para regular esse estado; ao contrário, acelera essa deterioração.

Apesar dos esforços diplomáticos para acabar com as guerras, do desenvolvimento de medicamentos para combater as doenças, dos avanços tecnológicos que buscam oferecer uma qualidade de vida melhor para as pessoas, ainda existem inúmeros desafios a serem superados.

O cérebro é dividido em dois hemisférios, o lado esquerdo é o lado racional e o direito é o emocional. Na maior parte do tempo, essas áreas da mente trabalham em equilíbrio, em alguns momentos uma área é mais dominante que a outra. Os conflitos existem pelo fato de o homem ainda não ter desenvolvido a capacidade de controlar os instintos como insegurança, medo, raiva e frustração. Qualquer tipo de emoção, como paixão e euforia, não lhe permite ter um raciocínio eficiente. É preciso ter a personalidade forte e grande força de vontade, desenvolver a influência da mente sobre o corpo e sobre suas ações. Os eventos que ocorrem no mundo material promovem o exercício da razão.

As experiências no mundo físico possibilitam um desenvolvimento interior. Acreditar em Deus é confiar na energia imaterial e na força interior que existe em todo homem.

O mal existe e, assim como o bem, está presente em cada ser humano. O mal se manifesta não de forma sinistra, como muitos pensam, mas, às vezes, uma pequena atitude se desenvolve e causa resultados terríveis, a lei da causa e efeito. É preciso aprender a ter autodomínio. É preciso controlar nossos desejos. Para obter esse autocontrole, é necessário esforço, dedicação, preparo e treinamento. Em alguns indivíduos, existe o apego exagerado ao poder, é importante controlar seus impulsos para não ser controlado por estes. Um grande contingente populacional é dominado por instintos humanos, vivemos para satisfazer nossas necessidades e desejos. Para essa finalidade, dedicamos grande parte da nossa vida, se não a vida toda.

Queremos melhorar o mundo ao nosso redor, mas é importante melhorar a nós mesmos como espécie. O ser humano é uma matéria bruta a ser lapidada. Quando se conhece como um mecanismo funciona, é possível descobrir a origem de suas falhas e defeitos para assim executar medidas para correção. Cada indivíduo precisa descobrir em que aspecto precisa melhorar. Poderá haver aqueles que apresentam resistência em mudar, mas melhorar, no sentido de remover o que lhe dificulta a se desenvolver, representa uma proposta mais atraente.

Há muito tempo, existe um vasto número de organizações que encoraja seus membros a se tornarem melhores na sua vida e na sua comunidade. Por anos, vimos uma incontável quantidade de instituições que têm como objetivo aprimorar o ser humano em todos os seus aspectos para conduzir a sociedade de forma mais justa. É um grande desafio aperfeiçoar a espécie humana, elevar o nível do homem e transformar os bons em seres melhores.

Existe uma grande dificuldade para essas instituições, organizações, academias, movimentos, iniciativas, clubes e sociedades, muitas delas milenares, realizarem seus objetivos. É importante que o humano cultive a capacidade de automotivação, força de vontade, controle dos impulsos e saber lidar com as frustrações.

Como melhorar o ser humano sem interferir no seu livre-arbítrio? Como desenvolver na espécie humana autocontrole, zelo e compaixão, altruísmo, empatia, piedade, persistência, controle das emoções e melhorar o relacionamento com outras pessoas? Estamos diante de um dos grandes desafios para a humanidade. Promover o crescimento das virtudes dos homens e torná-los melhores, a fim de evitar que suas almas padeçam no Inferno descrito por Dante Alighieri em *A Divina Comédia*, em que os pecadores condenados sofrem um número infinito de tormentos, gemem e retorcem-se como animais.

O número de indivíduos é superior à quantidade de organizações e instituições que buscam aprimorar e aperfeiçoar o ser humano. Os indivíduos da espécie humana são dotados de falhas, defeitos e limitações, tornando difícil identificar um padrão comportamental. O padrão comportamental mais visível é a necessidade de adquirir recursos para sobreviver. Então, utiliza-se esse padrão para estabelecer ordem e controle, e lhes oferecer um sentido para sua existência.

Ao saber dos males que assolam o coração do homem ou quanto é desafiadora a relação entre os grupos e os indivíduos, você estará preparado para lidar com determinadas situações de forma mais habilidosa.

Durante uma festa de aniversário, houve um debate entre dois amigos, um defendia que, se um indivíduo descobrisse que sofria de uma patologia, isto seria suficiente para a busca de um tratamento e assim curar-se da enfermidade. O outro afirmava que apenas ter conhecimento da doença não era o bastante, pois era necessário considerar outros fatores, como se o indivíduo teria acesso ou não ao tratamento ou se o tal sujeito desejaria realmente curar-se.

O defensor da primeira afirmação supôs que estavam falando de uma pessoa com a saúde mental perfeita, logo o acesso ou não ao tratamento seria redundante; da mesma forma que qualquer pessoa em sã consciência, sabendo que estava doente, buscaria o tratamento para curar-se. O outro usou um viciado em drogas como exemplo: muitos, apesar de saberem que o vício em entorpecentes é caracterizado como doença, não recorrem a um tratamento e, quando o fazem, sofrem com a abstinência.

Um viciado em entorpecentes não representa um exemplo de sanidade mental. Saber que está doente e não procurar tratar-se é um golpe severo na racionalidade humana.

O mundo está doente. O paciente tem consciência de sua enfermidade e apresentará resistência ao tratamento.

No domingo de manhã, numa feira de produtos artesanais, pessoas caminham apressadamente. Um ponto de venda de flores de plástico é mais frequentado que a banca que vende flores naturais que fica a pouca distância. As flores de plástico vendem mais que as flores naturais.

O dia de domingo, para alguns, é um dia de descanso. Dia de passear com a família, de visitar um parente ou de desenvolver uma prática religiosa, como ir à missa. Mesmo assim, andamos apressados, como em qualquer dia da semana. Numa sociedade artificial, damos preferência a flores artificiais. Temos a necessidade de estar próximos da natureza, mesmo que essa "natureza" seja representada por flores de plástico. Sintomas de um mundo doente, um mundo imperfeito.

A vacina é um fragmento do agente patológico que é inoculado no corpo humano para que o organismo reconheça a doença quando o indivíduo for contaminado.

Conhecendo nossos erros, podemos corrigir as nossas falhas. Somos seres luminosos. O telescópio espacial Hubble registrou imagens espetaculares do universo. O telescópio James Webb mostra imagens no universo distante e profundo com nitidez e riqueza de detalhes. Vasculhamos o espaço buscando descobrir a extensão do desconhecido, entretanto, se voltarmos o olhar para o nosso planeta, veremos que cada ser humano é um universo a ser descoberto. Cada indivíduo da espécie humana, com suas experiências, planos, projetos e sonhos, transforma nosso mundo em um universo de constelações. Cada homem possui luz própria, como uma estrela. O gênero humano tem um valor tão elevado que um deus "maior que os deuses todos" (Salmos 95,3) se fez homem (Filipenses 2,6-11) e morreu para "que ninguém se perca". Nós somos seres luminosos. Conhecer o ser humano seria uma experiência extraordinária. "Vós sois a luz do mundo" (Mateus 5,14).

Tais informações não são gratuitas nem infundadas.

(Eusébio de Cesaréia)

GLOSSÁRIO

Abster – privar, impedir, não fazer algo ou deixar de fazê-lo por conta própria.

Acaso – elemento desconhecido e imprevisível em qualquer evento que não tenha um motivo atribuível ou ordenado de uma lei natural ou de um agente inteligente, probabilidade.

Ambíguo – que se pode tomar em mais de um sentido, procedimento que denota insegurança, indeciso.

Anátema – expulsão do seio da igreja cristã, excomunhão, maldição, reprovação enérgica.

Anuência – ato ou efeito de anuir; consentimento, aprovação.

Apostasia – abandono de crença, partido ou opinião.

Apóstata – quem cometeu apostasia.

Bem – qualidade atribuída a ações e obras humanas e que lhes confere um caráter moral, austeridade moral, virtude, felicidade, ventura, benefícios, favor, proveito, vantagem.

Cognição – ato de conhecer, conhecimento, percepção.

Cognitivo – relativo ao conhecimento.

Compartilhar – ter ou tomar parte, em participar de, compartir, partilhar.

Democracia – governo do povo, soberania popular, poder que emana do povo; doutrina ou regime político baseado nos princípios da soberania popular e da distribuição equitativa de poder.

Destino – sucessão de fatos que podem ou não ocorrer e que constituem a vida do homem considerados como resultante de causas independentes de sua vontade; sorte, fado; lugar aonde se dirige alguém ou algo, direção.

Determinismo – conexão rigorosa entre os fenômenos (naturais ou humano), de modo que cada um deles é completamente condicionado pelos que o precedem.

Discussão – ação de discutir, altercação, disputa.

Discutir – debater (questão, problema, assunto); examinar questionando ou impugnar assunto controvertido.

Dissidente – que diverge da opinião de outrem ou da opinião geral, ou se separa de uma corporação por essa divergência.

Dividendo – parcela de lucro de uma sociedade anônima, atribuída a cada ação em que se subdivide seu capital.

Epicurismo – doutrina filosófica que identifica o bem com o prazer, que deve ser encontrado na prática da virtude e na cultura do espírito.

Epopeia – poema longo sobre assunto grandioso e heroico.

Estoicismo – doutrina que identifica a verdadeira felicidade com a virtude, devendo o homem viver em harmonia com a razão cósmica e indiferente às vicissitudes da vida; impassibilidade em face da dor ou adversidade.

Eufemismo – ato de suavizar a expressão duma ideia substituindo a palavra apropriada por outra mais cortês.

Fortuna – as coisas ou os eventos inevitáveis que acontecem aos seres humanos para o bem ou para o mal.

Hereditariedade – qualidade de hereditário, transmissão de caracteres físicos e morais aos descendentes.

Hereditário – que se transmite por herança.

Hipérbole – modo de se expressar engradecendo ou diminuindo certos fatos de maneira muito acentuada, exageração.

Humanidade – a natureza humana, o homem, o gênero humano; capacidade de compreensão ou aceitação em relação aos semelhantes, clemência.

Incauto – não cauteloso, imprudente.

Ideal – que existe somente na ideia, imaginário, que reúne toda perfeição concebível, o que é objeto da nossa mais alta aspiração, o modelo sonhado ou ideado pela fantasia de um artista.

Idealismo – propensão do espírito para o ideal, qualquer doutrina que afirma ser a realidade essencialmente espiritual, mental, intelectual ou psicológica.

Ideia – representação mental de coisa abstrata ou concreta; projeto, plano, imaginação, opinião, conceito, mente, pensamento, lembrança.

Íntegro – inteiro, completo, de reputação ilibada, reto, inatacável, brioso, pundonoroso.

Inteligível – que se compreende bem.

Lacônico – breve, conciso.

Leviano – que julga ou procede irrefletidamente, irresponsável, inconsciente; que revela inflexão ou irresponsabilidade inconstante nas relações; volúvel.

Mal – o que é nocivo; aquilo que se opõe ao bem, à virtude, à honra; enfermidade, doença, desgraça, infortúnio.

Meta – sinal que indica ou demarca o ponto final de corrida; gol, alvo.

Mito – relato sobre acontecimentos imaginários acerca dos primeiros tempos ou épocas heroicas; narrativa de significação simbólica transmitida de geração em geração dentro de determinado grupo e considerada verdadeira por ele; ideia falsa que distorce a realidade ou não corresponde a ela; pessoa, fato ou coisa real valorizados pela imaginação popular, pela tradição; coisa ou pessoa fictícia, irreal, fábula.

Moral – conjunto de regras de condutas ou hábitos considerados válidos, quer universalmente, quer para o grupo, ou pessoa determinada; conjuntos das nossas faculdades morais, brio, dignidade; disposição de espírito, humor.

Moralidade – qualidade do que é moral, doutrina, princípios ou regras morais; fábula, história moralizadora.

Moralista – que, ou quem escreve sobre moral, ou prega moral.

Motivo – causa, razão, fim, intuito.

Objetivo – relativo ao objeto, que vai direto ao ponto; prático, positivo, externo à mente, alvo.

Opróbrio – abjeção extrema; ignomínia, desonra; afronta infamante, injúria.

Paráfrase – desenvolvimento ou interpretação de um texto sem alteração das ideias originais, tradução livre ou comentada; não reproduz integralmente o texto do autor, mas a ideia apresentada.

Povo – conjunto de indivíduos que falam, em regra, a mesma língua, tem costumes e hábitos idênticos, uma história e tradições comuns, habitantes duma localidade ou região, povoação.

Prolixo – muito longo ou difuso; fastidioso, enfadonho.

Pudico – que tem ou revela pudor, pudendo, que o pudor deve recatar.

Puritano – diz-se do sectário presbiteriano que pretende interpretar com rigor o sentido literal da Bíblia; que é ou se diz muito rigoroso na aplicação de princípios morais, indivíduo puritano.

Romance – descrição mais ou menos longa das ações e sentimentos de personagens fictícios, numa transposição da vida para o plano artístico; descrição ou enredo exagerado ou fantasioso; poema ou canção sobre feitos históricos, aventura e amores.

Sátira – composição poética que visa censurar ou ridicularizar defeitos ou vícios; escrito picante ou maldizente, troça, zombaria.

Sentença – expressão que encerra um sentido geral ou um princípio moral, julgamento proferido por um juiz, tribunal ou árbitro, qualquer despacho ou decisão, frase.

Sobrevivência – qualidade ou estado de sobrevivente, continuação da vida ou existência, após certo momento; duração antiga no espaço e no tempo; o que permanece de uma situação antiga ou de um antigo fato ou sentimento.

Sobreviver – continuar a viver, a existir após outras pessoas ou outras coisas ou após certo acontecimento; viver de modo precário, com sérios problemas de saúde, dificuldades materiais, atribulações, escapar, resistir, superar; manter-se vivo.

Superstição – sentimento religioso baseado no temor ou na ignorância e que induz a admitir falsos deveres; recear coisas, elementos fantásticos etc.; crença em presságios tirados de fatos apenas fortuitos; apego exagerado e/ou infundado a algo.

Tenacidade – qualidade, condição ou estado do que é tenaz, resistente ou difícil de partir.

Tenaz – muito aderente; que tem grande coesão, que segura com firmeza; obstinado, aferrado.

Vicissitude – mudança ou variação de coisas que se sucedeu.

Virtu – capacidade de adaptação aos acontecimentos que leva a permanência.

Vociferar – proferir em voz alta, bradar; dirigir censuras ou reclamações; falar com cólera, esbravejar.

REFERÊNCIAS

ACEVEDO, Cláudia Rosa; NOHARA, Jouliana Jordan. *Monografia no curso de administração*: guia completo de conteúdo e forma. 2. ed. São Paulo: Atlas, 2006.

AGOSTINHO, Santo, Bispo de Hipona. *Confissões*. Tradução do latim e prefácio de Lorenzo Mammì. São Paulo: Penguin Classics; Companhia das Letras, 2017.

ALIGHIERI, Dante. *A divina comédia*. Rio de Janeiro; São Paulo: Ediouro; Publifolha, 1998.

ARRUDA, José Jobson de A.; PILETTI, Nelson. *Toda a história*. 8. ed. São Paulo: Ática, 1999.

BAKER, Mark W. *Jesus, o maior psicólogo que já existiu*. Rio de Janeiro: Sextante, 2005.

BATTISTINI, Fr. *A Igreja do Deus vivo*. 16. ed. Magé: Vozes, 1987.

BÍBLIA SAGRADA. *Bíblia de Jerusalém*. Nova Edição, Revista e Ampliada. São Paulo: Paulus, 2002.

BÍBLIA SAGRADA. *Bíblia de Estudo e Aplicação Pessoal*. Versão Almeida, Revista e Corrigida. São Paulo: CPAD, 1995.

BRANDÃO, Antônio Carlos; MILTON, Fernandes Duarte. *Movimentos culturais da juventude*. 2. ed. São Paulo: Moderna, 1990.

BRUNS, Roger. *César*. São Paulo: Nova Cultural, 1988.

BRUNS, Roger. *Lincoln*. São Paulo: Nova Cultural, 1987.

DECHANCIE, John. *Perón*. São Paulo: Nova Cultural, 1987.

DUPLACY, Jean et al. *Vocabulário de teologia bíblica*. 4. ed. Petrópolis: Vozes, 1987.

DURANT, Will. *A história da filosofia*. Rio de Janeiro: Nova Cultural, 1996.

EUSÉBIO, Bispo de Cesaréia. *História Eclesiástica*. São Paulo: Paulus, 2000.

FERREIRA, Aurélio Buarque de Holanda. *Míni Aurélio*: o dicionário da língua portuguesa. Coordenação de Marina Baird Ferreira. 8. ed. Curitiba: Positivo, 2010.

GOLEMAN, Daniel. *Inteligência emocional*. 75. ed. Rio de Janeiro: Objetiva, 1995.

HARARI, Yuval Noah. *Homo Deus*: uma breve história do amanhã. São Paulo: Companhia das Letras, 2016.

HARARI, Yuval Noah. *Sapiens*: uma breve história da humanidade. 44. ed. Porto Alegre: L&PM, 2019.

HAWKING, Stephen. *O universo numa casca de noz*. Rio de Janeiro: Intrínseca, 2016.

HAWKING, Stephen. *Uma breve história do tempo*. Rio de Janeiro: Intrínseca, 2015.

LUCADO, Max. *Nas garras da graça*. Rio de Janeiro: Casa Publicadora das Assembleias de Deus, 1999.

MACHIAVELLI, Niccolo. *O príncipe*. Ed. especial. Rio de Janeiro: Nova Fronteira, 2014.

McGUIRE, Leslie. *Napoleão*. São Paulo: Nova Cultural, 1987.

MORENO, Cláudio. *Tróia*: romance de uma guerra. Porto Alegre: L&PM, 2004.

NIETZSCHE, Friedrich Wilhelm. *Além do bem e do mal*: prelúdio de uma filosofia do futuro. São Paulo: Lafonte, 2017.

PLATÃO. *A república*. São Paulo: Lafonte, 2017.

POMBO, Calos *et al*. *O salto*. Rio de Janeiro: Warner Music, 2003. 1 CD (69 min).

ROUSSEAU, Jean Jacques. *A origem da desigualdade entre os homens*. São Paulo: Lafonte, 2017.

SOUZA, Márcio. *Breve história da Amazônia*. 2. ed. São Paulo: Marco Zero, 1994.

SOUZA, Márcio. *História da Amazônia*: do período pré-colombiano aos desafios do século XXI. 2. ed. Rio de Janeiro: Record, 2019.

THOREAU, Henry David. *A desobediência civil*. Porto Alegre: L&PM, 1997.

VAIL, John J. *Fidel*. São Paulo: Nova Cultural, 1987.

VIRGÍLIO. *Eneida*. 9. ed. São Paulo: Editora Cultrix, 2004.